KB109718

자식에게 물려주고 싶은 100년 음식명가 창업특강

자식에게 물려주고 싶은

100년 음식명가 창업특강

초판 1쇄 인쇄 | 2018년 2월 5일
초판 1쇄 발행 | 2018년 2월 12일

지은이 | 김태수
펴낸이 | 박영욱
펴낸곳 | (주)북오션

편 집 | 허현자 · 김상진
마케팅 | 최석진
디자인 | 서정희 · 민영선

주 소 | 서울시 마포구 월드컵로 14길 62
이메일 | bookrose@naver.com
네이버포스트 : m.post.naver.com ('북오션' 검색)
전 화 | 편집문의: 02-325-9172 영업문의: 02-322-6709
팩 스 | 02-3143-3964

출판신고번호 | 제313-2007-000197호

ISBN 978-89-6799-357-3 (03320)

이 도서의 국립중앙도서관 출판예정도서목록(CIP)은 서지정보유통지원시스템
홈페이지(http://seoji.nl.go.kr)와 국가자료공동목록시스템
(http://www.nl.go.kr/kolisnet)에서 이용하실 수 있습니다.
(CIP제어번호: CIP2018001474)

성공을 열망하는 당신을 위한 창업 지침서

자식에게
물려주고 싶은

100년 음식명가 창업특강

김태수 지음

성공한 자를 따라하면 당신도 쉽게 꿈을 이룰 수 있다

"당신도 성공하고 싶은가?"

물론 누구나 성공하기를 바란다. 누구나 성공을 희망한다. 하지만 성공하는 사람들보다 실패하는 사람들, 성공하지 못 하는 사람들이 훨씬 더 많다. 성공하는 사람들은 어떻게 해서 성공하는 것일까? 그것이 알고 싶다면 이 책을 보라.

"성공한 사람들은 성공하지 않은 사람들이 하지 않으려는 것을 한다. 더 쉬웠으면 하고 바라지 말고 내가 더 나았으면 하고 바라라."

나는 36년간 외식 사업을 했다. 온갖 실패의 쓴 맛과 성공의 꿀맛을 모두 경험했다. 1970년 외식업에 입문해 1981년 호텔신라에서 퇴직하기까지 '셰프'의 다양한 기술을 연마하고 습득했다. 아울러 누구나 쉽게 체험할 수 없는 가치 있고 소중한 경험도 많이 했다. 30대 초반 탄탄한 전문성을 기반으로 한정식전문점과 수제만두전문점, 수타면요리

전문점 그리고 식품제조업을 경영하며 2011년까지 한 분야의 길을 올곧게 걸어왔다.

1995년부터 현재까지 수많은 외식업체 자문과 컨설팅을 하면서 보람과 안타까움이 교차했다. 성공하는 점포, 실패하는 점포를 현장에서 지켜보기도 했고, 컨설팅을 통해 여러 외식업체를 폐업 직전 회생시키고 영업활성화에 기여했다. 이러한 성과로 '중소기업청 소상공인시장진흥공단' 컨설팅 우수상을 수상했다. 공공기관으로부터 외식분야 문제해결 능력과 컨설턴트 역량을 검증받고 인정받은 셈이다.

외식업은 제조와 판매가 동시에 이루어지는 특수한 업종이다. 창업에 성공한 경험자의 조언 없이는 외식창업 성공은 불가능하다해도 과언은 아니다.

이 책은 외식창업을 꿈꾸는 예비창업자들을 위한 지침서다. 구절구절 곱씹으며 맛있게 읽다보면 성공하는 법칙을 자연스레 터득하게 될

것이다.

무엇보다 이 책은 창업현장에서 즉각적으로 적용할 수 있는 실천서다. 필자가 외식업 경영과 컨설팅을 수행하며 겪었던 다양한 사례들을 현장실무 중심으로 풀어내 외식창업에 언제든지 적용 가능하도록 기술했다. 이를 위해 사례 위주의 사진, 표, 도표를 수록하여 간결하고 정확하게, 누구나 쉽게 이해할 수 있도록 집필했다. 외식창업을 꿈꾸는 독자들이라면 이 책을 꼭 읽어야 하는 이유다.

수많은 창업자가 성공을 희망하지만 누구나 성공할 수는 없다. 이유는 간단하다. 방법을 모르기 때문이다. 필자는 이 책을 통해 대한민국에서 더 이상 외식창업실패 사례가 나오지 않기를 간절히 바란다.

창업은 마치 멀고도 험난한 여정을 떠나는 것과 같다. 낯설고 먼 험한 길을 안전하게 가기 위해서는 도로의 환경과 이용조건, 사고다발구간, 위험요소의 차단방법을 사전에 알아야 한다. 창업은 요소요소에 위험이 도사리고 있다. 때로는 왔던 길을 돌아가야 하고, 위험한 다리를

건너야 하며, 최악의 경우에는 위험천만한 죽음의 계곡도 건너가야 한다. 그런 면에서 이 책은 단계별 창업과정을 친절하게 안내해 주는 안전한 '네비게이션' 같은 역할을 하고 있다.

10명이 외식창업을 하면 5년 후 8명이 망하는 현실에서 독자들은 이 책 읽기가 끝나는 순간, 외식창업에 대한 자신감과 성공하는 방법을 알게 될 것이다.

"창업은 리스크를 줄이는 것이 이익을 추구하는 일보다 더 중요하다."

미래외식경영전략연구소 연구실에서

김 태 수

방송국에서 걸려온 뜻밖의 전화

한여름의 시작이던 2017년 6월 어느 날, 낯선 번호의 전화가 걸려왔다.

"김태수 선생님이신가요?

"예, 그렇습니다. 누구신가요?"

"안녕하세요. 소상공인방송 강 작가입니다."

소상공인방송(YES TV)은 전국 소상공인 306만 사업체를 대상으로 비즈니스 정보를 전문으로 방송하는 채널이다. 그런데 무슨 일로 방송국 작가가 전화를 한 것일까? 궁금증이 더해졌다.

"무슨 일로 전화하셨는지요?"

"예, 소상공인시장진흥공단 추천으로 전화를 드렸고요. 컨설팅우수사례 방송에 출연이 가능하신가 싶어서요?"

컨설팅우수사례방송? 그렇다면 전에 컨설팅공모전에서 우수상을 수상했던 것을 얘기하는 것인가? 뜻밖의 말에 가슴이 설레기 시작했다. 하지만 애써 태연한 척 다시 물었다.

"언제쯤인가요? 생방송인가요? 패널 수는요?"

작가는 상냥하게 차근차근 대답해주었다.

"6월 30일 사전녹화방송이고요, 사회자와 함께하는 토크 쇼 형식으로 선생님 혼자 출연하시는 거예요."

나는 작가의 그 말을 믿고 녹화일정을 조율한 후 방송출연을 약속했다. 그런데 방송국에 도착해서 작가를 따라 들어간 곳은 일반 스튜디오가 아닌 '메인뉴스 룸'이었다.

컨설팅우수사례 소상공인방송(YES TV)출연 2017.06.30.

방송에 소개된 컨설팅우수사례는 3년 전 컨설팅 했던 청주의 한 외식업소 이야기다. 폐업 직전 상황까지 내몰렸던 그 업소는 컨설팅을 받은 후 기사회생하여 지금은 연매출 3억 원이 넘는 대박점포로 번성하였다. 게다가 성공한 외식점포로 방송전파를 타는 행운까지 얻었다.

컨설팅 전 업소는 자기 건물에서 영업을 했음에도 최악의 사업실패에 직면해 있었다. 점심시간이 끝나면 업소대표가 택배회사에서 알바를 할 정도였으니 심각성을 짐작하고도 남았다. 컨설팅 방문 첫날, 그는 내게 어두운 표정으로 이런 말을 했다.

"점포를 세놓을까 생각하고 있어요."

"장사 안 되는 점포를 누가하겠어요? 온갖 방법을 동원해서 영업을 활성화시켜야 합니다."

컨설팅은 기술전수와 경영개선교육 등으로 모두 다섯 차례에 걸쳐 이루어졌다. 업소의 문제가 한 둘이 아니어서 규정시간을 훨씬 초과하며 밤늦도록 이어갔다. 상권분석을 통해 인구특성을 파악하고 목표고객에 부합한 메인메뉴와 테이크아웃 가능한 서브메뉴를 개발했다. 조리의 기초지식은 물론 시각적 음식담기와 품질관리, 서비스기법, 고객관리, 홍보방법에 이르기까지 경영전반에 걸쳐 일대 혁신을 꾀했다.

마지막으로 업소 대표에게 신신 당부를 해줬다.

"컨설팅 내용을 임의로 바꾸거나 변칙으로 사용해서는 안 됩니다. 힘들더라도 알려준 그대로 해야 합니다. 내가 가지고 있는 모든 것을 다주고 갈 테니 불변의 법칙으로 여기고 실행하기 바랍니다."

한 달이 지난 후 확인 전화를 해보았다. 업소대표의 생기 있는 목소리가 들렸다. 매출이 꾸준히 오르고 있다는 것이다. 그로부터 4개월이 지난 후 재차 확인에 들어갔다. 이번엔 200% 넘게 매출이 올랐다고 좋아서 어쩔 줄 모른다.

"아니, 그러면 장사 잘 된다고 전화라도 한 통 해주지, 어쩜 그렇게 깜깜소식이에요?"

"고맙습니다. 선생님 은혜 잊지 않겠습니다."

그해 2013년 11월 그 외식업소의 컨설팅성과를 가지고, 중소기업청 소상공인시장진흥공단 컨설팅우수사례 공모전에서 1400명 컨설턴트 중, 20명을 선발하는 수상자 명단에 당당하게 포함되었다.

소상공인시장진흥공단에서 외식분야 컨설팅을 수행해온 지 10여 년이 되었다. 수많은 외식업체를 방문하면서 실패와 성공의 현장을 생생하게 목격했다. 사업 성패의 원인, 분명 그럴만한 이유가 존재하고 있었다.

외식업과 인연을 맺은 지 어느덧 46년이 되었다. 당구삼년작풍월(堂狗三年作風月), '서당 개 삼년이면 풍월을 읊는다'라는 말이 있다. 하물며 사람이 한 분야에 반세기 가까이 몸담으면서 진리를 깨우치지 못했다면 이 또한 엄청난 오류를 범한 셈이다. 이제는 어느 음식점이건 현관을 들어서는 순간 그 업소의 문제를 대략 파악하고, 식사 한 끼를 하고 나면 미래를 가늠할 수 있는 수준에 이르렀다. 풍부한 현장경험과 연륜이 더해진 덕분이다.

남을 이롭게 하면, 자신도 이롭다(自利利他). 어려운 처지에 놓인 가게를 잘 되도록 도와준 결과, 나 역시 뜻하지 않게 방송에 출연했다. 좋은 일은 또 다른 좋은 일을 재생산한다. 앞으로도 더 많은 외식사업자가 성공할 수 있도록 희망의 씨앗을 심어주고, 성공의 길로 안내할 것이다.

차례

PART 03 얼마에 팔고 얼마가 남는 것일까

PART 04 음식대신 가치를 팔아라

PART 05 어디에 점포를 낼까

PART 06 2등 제품이라도 1등 사장은 성공한다

PART 07 창업은 성공의 희열을 느끼게 한다

부록

CHAPTER

1

외식 창업은 이미 레드오션이다?

◇◇◇◇◇◇◇◇

01 시장을 알면 위태롭지 않다

성공에 대한 비밀은 따로 존재하지 않는다. 그것은 바로 준비, 근면성, 실패로부터의 배움이다. – 콜린 루서 파월

외식 창업은 이미 레드오션이다. 첫장의 제목치고는 너무 비관적이라고 생각하는가? 그러나 이 책을 펼친 당신은 그동안 마음속에 수없이 많은 갈등과 망설임의 전쟁을 치렀을 것이다. 자, 그러니 이제 냉정하게 현실에서 출발하자.

중소기업청(현 중소벤처기업부) 소상공인 조사통계에 주목할 만한 내용이 있다. 소상공인 10,490명을 대상으로 한 창업동기를 묻는 질문에 다음과 같이 대답했다. ① 다른 대안이 없어서 82.6% ② 창업을 통해 성공할 가능성이 있어서 14.3% ③ 가업승계를 위해서 1.3% ④ 기타 1.8%

국세청 통계에서도 지난 10년간(2003~2012) 전국 자영업 폐업자 수는 무려 793만8683명에 달하는 것으로 나타났다. 매년 80만 명에

이르는 자영업자가 창업 후 성공의 꿈을 접고 경제적 손실을 입은 채 점포 현장을 떠난 셈이다.

앞의 두 통계결과는 소상공인 창업현실을 여과 없이 보여주고 있다. 충격적인 사실이다. 폐업증가의 주요 실패 원인은 절대다수가 준비 안 된 창업을 했다는 데서 찾을 수 있다. 대규모 소상공인 폐업자는 이미 예견됐던 것이나 다름없다. 대안 없는 창업은 현재도 진행형이란 사실이 불안감을 더해주고 있다.

[도표 1] 소상공인 창업동기

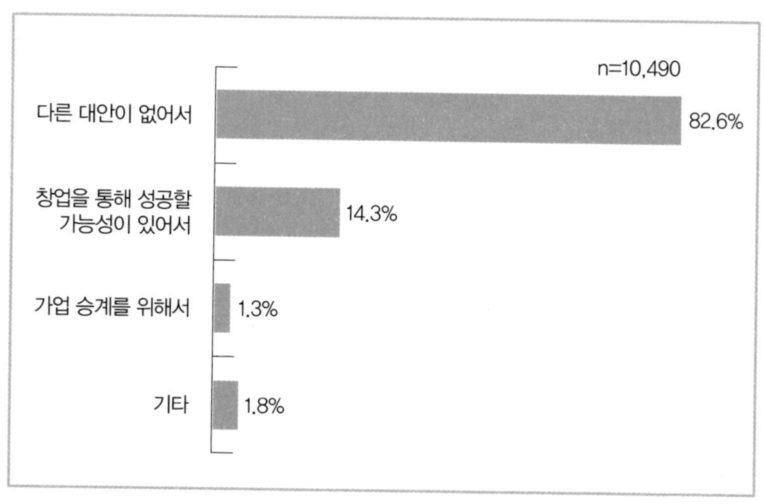

자료: 중소기업청 2013. 소상공인실태조사_재구성

창업현장의 실상은 더욱 심각하다. 경영분석을 해보면 당장 버티기 힘든 점포가 의외로 많다. 현상유지라도 되어야 해결방안을 모색할 수 있는데, 문제의 골이 너무 깊어 설사 경영의 신이 와도 회생시킬 방도가 없을 정도다. 저자 역시 창업에 실패한 경험 때문에 남의 일로 보이지 않아 안타깝기 그지없다.

창업은 누구나 할 수 있다. 그러나 준비가 부족하면 성공은 아무나 하지 못한다. 반대로 준비가 철저하면 성공확률이 높다는 말이다. 모든 결과가 그러하듯 준비한 만큼 보상은 돌아오기 마련이다. 창업경험이 전무한 초보창업자가 몇 개월 만에 뚝딱해서 사업을 한다는 것은 위험천만한 일이다. 창업계획은 가능한 2, 3년 전부터 꼼꼼하게 준비해야 실패로부터 멀어질 수 있다. 적을 알고 나를 알면 백번 싸워도 위태롭지 않다. 지피지기백전불태(知彼知己百戰不殆). 손자병법 모공편에 나온다. 이 말을 창업에 적용하면 '시장을 알고 나를 알면 백번 창업해도 위험하지 않다'고 할 수 있겠다. 그렇다. 창업시장을 알면 위험요소를 줄이거나 예방할 수 있으며 차단할 수도 있다.

창업 전 실무경험을 쌓아두는 건 매우 중요하다. 현장경험이 많을수록 위험은 감소한다. 선택할 업종이 진입기, 성장기인지, 아니면 성숙기나 쇠퇴기 중 어디쯤 해당되는지도 면밀하게 조사해야 한다.

창업자가 간과하기 쉬운 것은 여럿 있다. 창업자는 무엇보다 트렌드(Trend)를 읽을 줄 아는 혜안이 있어야 한다. 잠재고객들이 선호하는 음식은 무엇인지, 어떤 식당을 즐겨 찾는지 등을 알 수 있어야 한다. 트렌드를 읽는 것이란 잠재고객들의 속마음을 알아내는 것이다. 업종불문하고 고객의 마음을 알면 절반은 성공한 셈이라고 말한다.

외식 트렌드를 먼저 알아냄으로써 새로운 사업기회를 발견할 수 있다. 반면 위험요소는 줄일 수 있으며 경쟁구도에서 유리한 위치를 선점할 수도 있다. 창업계획을 수립하는 데 매우 유용한 정보를 획득할 수 있음은 물론이다.

이번 장에서는 최근 외식시장 트렌드는 어떻게 형성되고 있는지를 알아보도록 하자.

02 외식시장 들여다보기

아무런 위험을 감수하지 않는다면 더 큰 위험을 감수하게 될 것이다. – 에리카 종

외식산업 시장 규모와 현황

창업을 하기 위해서는 해당업종의 시장 규모를 알아야 한다. 시장 규모는 업종의 시장가치를 단적으로 보여주는 증거라고 봐야 한다. 시장 크기를 안다는 것은 경쟁강도를 알 수 있다는 것이기도 하다. 시장 규모는 여러 요소들을 직관할 수 있어 창업을 결정하는 주요 기준이 된다.

〈표 1〉의 한국농수산식품유통사에서 나온 2015년 식품산업 주요 지표를 보면 국내 외식시장 규모는 2013년 기준 79조6천억 원, 외식업체수 63만6천 개(일반음식점 및 주점업 등 16개 업종), 종사자수 182만4천 명, 음식점 1개 사업체당 연평균 매출액 1억2500만 원, 종사자 1인당 연매출액 4360만 원이다.

종사자규모별 5인 미만 사업체는 전체 외식업체 88.0%에 해당되며, 5인 이상 9인 이하 9.6%, 10인 이상 업체는 2.4%에 불과하다. 매출액규모별 연매출 1억 미만 업체는 71.1%, 1억 이상 10억 미만 28.1%, 10억 이상 0.7%로 나타났다.

〈표 1〉 외식산업현황

(단위 : 천 개(A), 천 명(B), 10억 원(C), 백만 원/개소(C/A), 백만 원/명(C/B), 천 원/㎡)

구분	'04	'05	'06	'07	'08	'09	'10	'11	'12	'13
사업체수(A)	600	532	577	577	577	581	586	607	625	636
종사자수(B)	1,556	1,445	1,529	1,567	1,578	1,601	1,609	1,684	1,753	1,824
매출액(C)	48,370	46,253	53,701	59,365	64,712	69,865	67,566	73,507	77,285	79,550
업체당 매출액(C/A)	80.6	86.9	93.1	102.9	112.2	120.2	115.3	121.1	123.7	125.1
1인당 매출액(C/B)	31.1	32.0	35.1	37.9	41.0	43.6	42.0	43.7	44.1	43.6
건물 연면적(㎡)당 매출액	915.9	936.1	954.9	993.5	1,105.0	1,146.9	913.1	1,154.9	1,220.6	1,239.3

자료: 한국농수산식품유통공사, 식품산업 주요지표 2015

인구대비 음식점수는 79.8명당 식당 1개 업소로 산출된다(2016년 추계인구 50,801,405명/통계청). 외식 선진국인 일본의 2.5배, 미국의 6.5배로(한국농수산식품유통공사, 식품산업 주요지표 2015) 인구대비 음식점 밀도가 지나치게 높다. 과밀현상은 경쟁강도를 심화시켜 생존율을 떨어뜨리고 폐업자를 양산시키는 악순환으로 이어진다.

10명이 외식창업을 하면 5년 후 생존율은 1.8명에 불과하다. 영업을 해서 판매관리비와 영업외 비용을 차감하면 순이익률은 9.92%를 넘지 못한다. 이것이 현재 업계 평균이익률이다(국내 외식산업의 현황과 문제점/한국외식신문 2015.10.12).

음식점 한 곳이 개업을 하면 다른 한 곳은 문을 닫는 구조다. 사정이 이렇다 보니 외식산업 폐업률은 26.47%로 산업전체 폐업률 15.03%의 두 배에 가까운 수치다. 외식업은 한마디로 말하면 끊임없는 경쟁이 요구되는 레드오션 마켓(Red ocean market)이다.

따라서 시장분석은 위험요소를 줄이기 위한 대안이므로 반드시 실행해야 한다. 시장상황을 면밀하게 파악한 후 진입전략을 수립해야 경쟁력을 확보할 수 있다. 최근 들어 외식창업에 대한 막연한 기대감들이 신중론으로 바뀌고 있다. 하지만 다수의 창업자들은 아직도 외식사업을 만만하게 생각하는 경향을 보이고 있어 선배로서 불안감을 떨쳐 버릴 수 없다.

당부하고 싶은 말이 있다. 〈표 2〉의 16개 업종 중 창업해서는 안 될 업종을 주의하라. 치킨 전문점, 김밥 전문점, 커피 전문점(비알콜음료점업) 등은 고위험군에 해당된다. 이들 업종은 성숙기 또는 쇠퇴기에 해당되어 초보창업자가 진입할 경우 도산할 확률이 매우 높다.

〈표 2〉를 보면 음식점업 중 가장 많은 한식업체수는 299,477개 업소로 한식당이 음식점 전체의 65.2%를 차지한다. 한식 매출액은 35조7320억 원으로 전체 매출액 65조330억 원의 54.94%에 이른다.

한식당이 많은 것은 수요가 많다는 것을 의미한다. 우리 국민 대다수가 외식을 할 때 한식을 즐겨 먹는다고 볼 수 있다. 혹자는 경쟁업체가 많으면 영업이 안 될 수밖에 없는 것 아니냐고 반문한다. 틀린 말은 아니다. 하지만 현재 외식시장에서 경쟁 없이 할 수 있는 업종은 어느 하나도 없다. 그래서 창업을 위한 사업계획이 필요한 것이고 경쟁우위를 선점하기 위한 전략수립을 해야 하는 것이다.

〈표 2〉를 기반으로 어떤 업종을 선택해야 할지 심사숙고하기 바란다. 업종선택은 창업할 상권 상세분석을 한 후 외식 트렌드를 반영하여 결정되어야 한다. 관심업종의 사업체수와 매출액 증감추이는 사업계획수립의 중요한 요소이기 때문이다.

〈표 2〉 업종별 사업체수 및 매출액

(단위 : 개(A), 10억 원(B), 백만 원/개소(B/A))

업종	2012년			2013년		
	사업체수 (A)	매출액 (B)	업체당 매출액 (B/A)	사업체수 (A)	매출액 (B)	업체당 매출액 (B/A)
음식점 및 주점업	624,831	77,285	123.7	635,740	79,550	125.1
■ 음식점업	451,338	63,119	139.8	459,252	65,033	141.6
○ 일반 음식점업	334,917	44,164	131.9	339,988	45,085	132.6
– 한식	295,348	35,178	119.1	299,477	35,732	119.3
– 중식	21,680	3,011	138.9	21,503	3,058	142.2
– 일식	7,211	2,170	300.9	7,466	2,274	304.5
– 서양식	9,175	3,447	375.7	9,954	3,634	365.1
– 기타 외국식	1,503	358	238.3	1,588	387	243.7
○ 기관 구내식당업	6,955	4,700	675.8	7,830	4,901	625.9
○ 출장 및 이동음식점업	496	127	255.9	511	131	256.5
○ 기타 음식점업	108,970	14,129	129.7	110,923	14,916	134.5
– 제과점업	14,799	3,970	268.2	15,313	4,238	276.8
– 피자, 햄버거, 샌드위치 및 유사 음식점업	13,711	3,424	249.7	13,938	3,599	258.2
– 치킨 전문점	31,139	2,659	85.4	31,469	2,827	89.8
– 분식 및 김밥 전문점	45,070	3,007	66.7	45,928	3,144	68.5
– 그외 기타 음식점업	4,251	1,069	251.6	4,275	1,107	259.0
■ 주점 및 비알콜 음료점업	173,493	14,166	81.7	176,488	14,517	82.3
■ 주점업	131,035	10,888	83.1	128,367	10,872	84.7
■ 비알콜 음료점업	42,458	3,278	77.2	48,121	3,644	75.7

자료 : 한국농수산식품유통공사, 식품산업 주요지표 2015

경쟁은 필연이자 발전의 기회

외식시장 구조를 좀 더 들여다보자. 외식업 635,740개 중에는 글로벌기업들도 포함되어 있다. 아웃백스테이크하우스, 맥도널드, 피자헛이 대표적이다. 국내 대기업브랜드는 빕스(CJ푸드빌), TGIF(롯데리아), 애슐리(이랜드) 등이 있다. 이들 대기업은 최근 한식뷔페 시장까지 진출했다. 올반(신세계푸드), 계절밥상(CJ푸드빌), 자연별곡(이랜드), 별미가(롯데) 등이다.

규모와 자본을 앞세운 대기업은 시장을 끊임없이 확장하고 있다. 공공기관, 대학교, 대규모 사업장에는 단체급식을 운영하고 있다. 소규모 자본으로 창업하는 자영업으로서는 위협적 존재일 수밖에 없다. 외식업이 중소기업 적합업종으로 지정(2013. 02.) 되어 대기업의 신규 시장진출을 제한하고 있다. 하지만 교묘한 수단으로 진출할 가능성은 얼마든지 있다.

창업자는 모든 외식업체를 경쟁관계로 인식해야 한다. "꿩 대신 닭"이란 속담이 있다. 외식시장의 수많은 먹을거리는 대체재가 될 수 있다. 대체재란 대신해서 사용할 수 있는 관계를 말한다. 밥 대신 분식이나 햄버거를 먹는다든가, 소고기 대신 돼지고기나 닭고기를 선택해서 먹을 수 있다는 것이다.

경쟁강도가 높다고 해서 지레 겁먹을 필요는 없다. 글로벌기업이든 대기업이든 장·단점은 있다. 그들이 할 수 없는 차별화된 서비스를 구현하면 된다. 규모가 클수록 경영자의 의사결정과정은 늦어진다. 순발력 있는 소규모 업체는 한발 앞서 실행할 수 있는 장점이 있다. 30, 40년 전이나 지금이나 경쟁은 여전히 존재한다.

"피할 수 없으면 즐겨라"는 말처럼 경쟁이 필연인 이상 회피할 수도 없고, 해서도 안 된다. 기왕이면 즐기는 경쟁을 하기 바란다. 작고 쉬운 것부터 시작하는 것으로 습관을 기르면 즐기는 경쟁을 할 수 있다. 단, 선의의 경쟁을 해야 한다. 경쟁력은 사업장의 규모가 아니다. 창업자의 경영철학이고 전략이다.

필자가 수제만두전문점을 할 때의 일이다. '맛집'으로 소문이 자자하자, 당시 꽤나 유명했던 국내 프랜차이즈 업체가 진입로 입구에 가맹점을 오픈했다. 어떻게 대응할지 고심 끝에 대기업이 할 수 없는 것을 하기로 했다. 철저한 차별화였다. 예상이 적중했다. 자세한 이야기는 뒤에서 다루겠다. 결국 유명 프랜차이즈 가맹점은 7개월 만에 점포 문을 내리고 말았다. '다윗이 골리앗'을 이긴 셈이다.

경쟁은 수익성에 영향을 준다. 외식업 수익성은 창업자의 업종이 속한 경쟁강도와 구조에 따라 다를 수 있다. 경쟁구조란 ① 동업종 간의 경쟁 ② 신규창업자의 위협 ③ 식재료 공급자의 가격협상력 ④ 소비자의 품질제고 압력 ⑤ 대체 먹거리의 위협 등이다.

시장구조 파악은 창업을 위한 주요과정이다. 시장을 안다는 것은 기회와 위험요소를 발견하는 것이다. 기회를 활용하고 위협에 대처할 수 있는 전략을 수립해야 한다. 수많은 창업자들이 시장을 오해해서 실패한 사례는 무수히 많다. 시장을 적확하게 파악한다는 것은 성공창업을 위한 보증수표를 확보한 셈이다.

경쟁은 발전의 계기가 된다. 모든 산업이 경쟁을 통해 발전해 왔다. 높은 경쟁력은 레드오션 마켓에서 생존가능성이 크다는 것을 뜻한다. 경쟁력은 변화를 통해 가능하며 혁신을 통해 완성된다.

03 트렌드는 유행일까 문화일까

차세대 마켓은 가치주도형 비즈니스 모델로 진화한다.
– 필립 코틀러

외식소비 트렌드가 변화하고 있다. 한 끼 식사에도 가치지향 소비를 하는 것이다. 생명유지 목적을 넘어 삶의 질 차원에서 소비한다. 트렌드는 인구특성의 변화와 대중 매체의 영향에 의해 형성되고 확산의 과정을 거쳐 정착한다.

학자들에 따르면 트렌드는 "새로운 문화의 정착이다"라고 정의한다. 하나의 문화로 이르기까지 3~5년, 길게는 7~10년에 걸쳐 받아들여진다. 새로움에 민감한 2030세대에 의해 수용되며 점차 상위 연령으로 스며든다. 트렌드는 일시적 유행이 아닌 견고한 문화인 것이다.

트렌드 워칭(Trend watching)은 잠재고객의 속마음을 알아내는 것이다. 트렌드를 알면 고객의 욕구를 예측할 수 있다. 성별·연령별 욕구유추가 가능하므로 고객이 원하는 서비스를 제공할 수 있다. 트렌드를 바르게 인식하면 사업기회를 포착하고 시장의 위협에 대처할 수 있다.

외식과 쇼핑 문화를 한 곳에서 즐긴다

복합 쇼핑몰은 별다른 이동 없이 외식과 쇼핑, 여가 생활을 한 공간에서 해결한다. 이러한 형태의 소비행동을 몰링(Malling) 문화라고 하며, 현재 매우 빠른 속도로 확산되는 중이다. '몰링'의 핵심 특징은 단순 쇼핑차원을 넘어 오락적 기능(Entertainment)까지 함께 한다는 것이 기존의 소비 형태와는 다른 점이다.

몰링은 의류와 귀금속, 가전제품 같은 기본적인 매장은 물론 영화관, 공연장 등을 갖추고 있다. 다양한 메뉴와 가격대의 푸드 코트부터 국내 유명 맛집까지 두루 갖춘, 독특한 종합 선물세트는 2030세대뿐만 아니라 가족단위까지 집객효과를 발휘한다.

몰링은 한 공간에서 편리한 쇼핑을 즐김으로써 장시간에 걸친 다양한 소비를 유도하는 것이다. 이러한 원스톱쇼핑(One-stop-shoping)은 편의성과 가치를 중시하는 소비자들에게 최적의 공간으로 새로운 소비문화를 창출해 내고 있다.

대한상공회의소에 따르면 국내 몰링의 역사는 1988년 잠실롯데월드, 2000년 코엑스몰, 센트럴시티 등의 오픈과 함께 시작되었다. 이후 대기업들이 경쟁적으로 진출하면서 현재 국내 복합쇼핑몰 수는 60여 개에 달한다.

〈표 3〉은 현재 영업 중인 국내 복합쇼핑몰과 2018년 오픈을 앞둔 예정업체까지 총정리하였다.

〈표 3〉 국내 복합쇼핑몰 현황(예정포함)

연번	오픈 연도	쇼핑몰 명칭	위치	주관회사
1	1988	잠실롯데월드	서울 잠실	롯데
2	2000	코엑스몰	서울 삼성동	한국무역협회
3	2000	센트럴시티	서울 반포동	신세계
4	2001	마리오 아울렛	서울 가산동	마리오
5	2004	아이파크몰	서울 용산역	현대산업개발
6	2007	여주 신세계 아울렛	경기 여주	신세계
7	2008	롯데 아울렛 광주월드컵점	전남 광주	롯데
8	2008	롯데 프리미엄아울렛 김해점	경남 김해	롯데
9	2009	가든파이브	서울 문정동	SH공사
10	2009	신세계센텀시티	부산 해운대	신세계
11	2009	평택역사몰	평택역	AK플라자
12	2009	타임스퀘어	서울 영등포	경방(신세계)
13	2009	부산광복점	부산진구	롯데
14	2010	레이킨스몰	킨텍스몰	현대
15	2010	청량리역사몰	서울 청량리	롯데
16	2011	파주 신세계 아울렛	경기 파주	신세계
17	2011	디큐브시티	서울 신도림	대성
18	2011	롯데 프리미엄아울렛 파주점	경기 파주	롯데

연번	오픈 연도	쇼핑몰 명칭	위치	주관회사
19	2011	롯데몰 김포공항	서울 김포공항	롯데
20	2011	이시아폴리스 롯데아울렛	대구 봉무	롯데
21	2012	청주복합몰	청주 대농	현대
22	2012	여의도 IFC몰	서울 여의도	AIG 코리아
23	2012	의정부역사몰	경기 의정부역	신세계
24	2012	롯데 아울렛 청주점	충북 청주	롯데
25	2012	스퀘어원	인천 연수동	서부 T&D
26	2013	롯데 아울렛 서울역점	서울역	롯데
27	2013	업스퀘어	울산 심산동	업스퀘어 PFV
28	2013	아비뉴프랑	경기 판교	호반건설
29	2013	원마운트	경기 고양	청원건설
30	2013	롯데 아울렛 부여점	충남 부여	롯데
31	2013	롯데몰 수원	수원역 인근	롯데
32	2013	롯데 피트인	서울 동대문	롯데
33	2013	송도 커넬워크	인천 송도	이랜드 리테일
34	2013	기장 신세계 아울렛	부산 기장	신세계
35	2013	롯데 프리미엄아울렛 이천점	경기 이천	롯데
36	2014	롯데아울렛 광주수완점	전남 광주	롯데
37	2014	고양터미날몰(롯데아울렛)	경기 고양	고양버스터미널
38	2014	제2롯데월드	서울 잠실	롯데
39	2014	롯데 프리미엄아울렛 광명점	경기 광명 KTX역	롯데
40	2014	롯데 아울렛 구리점	경기 구리	롯데
41	2014	롯데 프리미엄아울렛 동부산점	부산 동부산	롯데

연번	오픈 연도	쇼핑몰 명칭	위치	주관회사
42	2015	롯데몰 송도	인천 송도	롯데
43	2015	현대 김포프리미엄 아울렛	김포 경인아라뱃길	현대
44	2015	현대 가든파이브프리미엄 아울렛	서울 문정동	현대
45	2015	현대 판교복합쇼핑몰	경기 판교	현대
46	2015	현대 송도프리미엄 아울렛	인천 송도	현대
47	2016	신세계 청라	인천 청라	신세계
48	2016	신세계 시흥 프리미엄 아울렛	경기 시흥	신세계
49	2016	하남 유니온 스퀘어	경기 하남	신세계
50	2016	롯데 양주프리미엄 아울렛	경기 양주	롯데
51	2017	펜타빌리지	경기도 오산시	롯데
52	2017	의정부 신세계 프리미엄아울렛	경기 의정부	신세계
53	2017	세븐페스타	경기 파주	롯데
54	2017	전주 월드컵몰	전북 전주	롯데
55	2017	나주 신세계 프리미엄아울렛	전남 나주	신세계
56	2017	고양 스타필드	경기도 고양	경기도 고양
57	2017	안성 복합쇼핑몰	경기 안성	신세계
58	2017	현대 대전 용산프리미엄 아울렛	대전 용산동	현대
59	2017	동대구복합환승센터	동대구역	신세계
60	2017	대전 유니언스퀘어	서대전	신세계
61	2017	이케아 롯데아울렛	경기도 고양	롯데
62	2018	롯데 의왕	경기 의왕	롯데
63	2018	대전 엑스포	대전	신세계
64	2018	파이시티	서울 양재동	파이시티

자료: 대한상공회의소 2015.유통산업백서_재구성

04 고객을 알면 성공이 보인다

사업의 비결은 다른 사람들은 아무도 모르고 있는 무엇인가를 아는 것이다. – 애리스토틀 오나시스

창업계획을 수립할 때 인구구조를 눈여겨보아야 한다. 인구구조를 알면 잠재고객의 소비행동을 예측할 수 있으며, 성별·연령별 문화와 사회경제적 특성을 알 수 있다. 인구규모가 양적인 측면이라면 인구구조는 질적인 측면인 것이다.

인구구조를 통해서 현재와 미래의 잠재적 고객을 추정할 수 있다. 해당업종의 수요전망 예측이 가능하다. 인구구조의 특성에 따라 소비패턴이 다르게 나타나기 때문이다. 인구구조 분석을 통해 다음과 같이 외식업의 수요를 전망해 볼 수 있다.

1인 가구 증가, 결혼은 필수 아닌 선택

혼자 사는 가구가 빠르게 증가하고 있다. 2000년 전체 가구 중 15.6%였던 1인 가구수는 2010년 347만 가구로 전체 1,715만 가구의 20.2%를 나타내고 있다. 향후 2030년에는 전체 1,987만 가구대비 23.7%에 해당하는 471만 가구가 될 것으로 통계청은 추정하고 있다.

〈도표 2〉 전체가구 중 1인 가구 추이

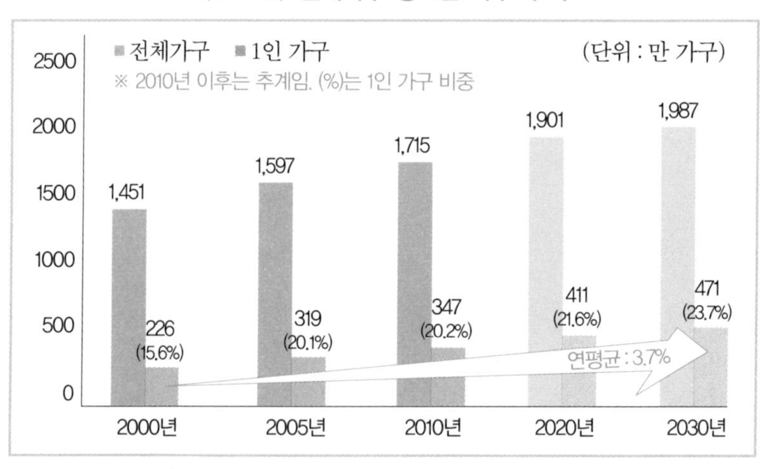

자료: 통계청_재구성

1인 가구 증가요인은 경제적 조건과 함께 결혼에 대한 가치관의 변화에서 기인한다. 기성세대처럼 결혼은 꼭 해야 하는 것이 아닌, '선택'으로 인식이 바뀌어 가고 있다. 특히 경제력 있는 여성일수록 결혼을 기피하는 경향이 강한 것으로 각종 조사에서 나타나고 있다.

1인 가구는 편의성을 추구한다. 직접 조리해 먹는 '집 밥'대신 외식을 자주한다. 간편식을 구매하거나 배달음식을 종종 시키기도 한다. 상품에 대한 가치를 느끼면 합당한 가격을 지불하고 구매한다. 1인 가구는 전체 소비지출에서도 유배우자 가구보다 소비가 높은 것으로 나타나고 있다.

> 혼자서 사는 사람은 집에서 직접 요리를 하기보다는 외식을 하거나 가공식품을 구매하는 경향이 높다. 이는 1인분의 식사를 조리하는 것이 조리시간이나 비용측면에서 효율적이지 못하기 때문인 것으로 보인다. 1인분의 양에 맞는 식재료를 구매하기도 쉽지 않아 외식을 하거나 도시락, 반찬 등 이미 조리된 식품을 구매하는 것이 경제적일 수 있다. 1인 가구의 외식비는 월평균 17만 원으로 2인 가구의 1인당 외식비에 비해 27% 많고 즉석·동결식품, 조리된 반찬 등 가공식품의 소비는 51% 많았다.
>
> - LGERI 리포트 : 1인 가구 증가 소비지형도 바꾼다. 7쪽

부부가구, 삶의 가치관 변화

결혼은 해도 자녀를 두지 않는 이른바 딩크족(DINK)이 늘어나고 있다. 부부가구 증가는 사회적 신분상승을 희망하는 고소득 전문직 계층에서 확산되고 있다. 이들은 부모 세대와는 달리 자식에 대한 희생을 원치 않으며 부부만의 특별한 생활을 갈구한다. 둘만의 자유

로운 삶을 즐기겠다는 가치관의 변화가 부부가구 증가에 한몫하고 있다.

특히 여성의 경우 육아와 가사로 인해 개인의 목표성취가 불확실하게 된다는 점이 출산, 육아를 기피하는 부부가구로 돌아서게 한다. 출산과 동시에 아이에게 오롯이 헌신해야 하는 현실은 과중한 부담으로 다가오며, 양육을 하면서 겪게 되는 수면부족, 불충분한 휴식, 생활상의 변화 등을 거부하고 부부만의 삶을 위한 방식을 선택하게 된다.

통계청에 따르면 2010년 2,666천이던 부부가구는 연평균 3.7% 증가하여 2035년에는 5,053천 가구가 된다는 예측을 보이고 있다. 이는 전체 22,261천 가구의 22.7%에 해당된다.

[도표 3] 전체가구 중 부부가구 추이

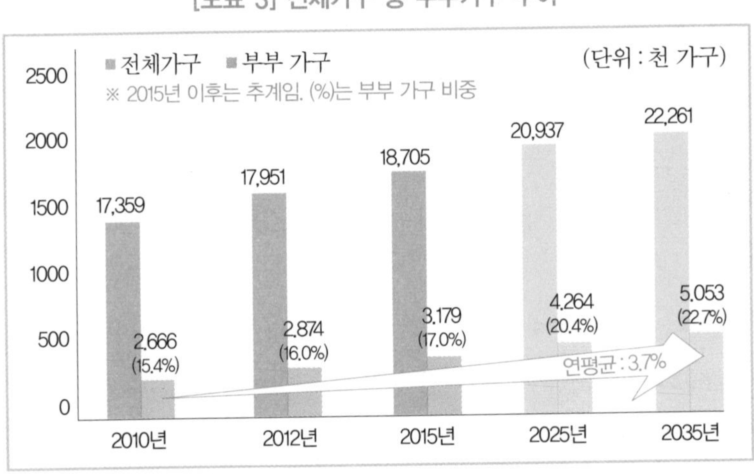

자료: 통계청_재구성

부부가구 증가는 저(低)출산에 따른 인구감소로 노동력 저하를 가져오지만, 외식소비의 견인역할을 할 것으로 보인다. 부부가구의 외식소비 패턴(Pattern)은 가끔 음식재료를 구입, 직접 조리해서 먹는 과정을 즐기기도 한다. 하지만 이들 역시 외식 빈도수는 높을 수밖에 없다. 취사에 드는 시간을 불필요하다거나 낭비로 생각하기 때문이다. 딩크족(DINK)은 모든 일에 편의성을 중시한다. 고소득 전문직의 장점을 최대한 활용하고 즐기는 계층이다.

맞벌이 가구, 외벌이의 한계를 극복

장기불황에 따른 가계소득의 감소로 여성 경제활동 인구가 증가하고 있다. 통계청에 따르면 맞벌이 가구는 연평균 0.7%씩 늘어나 2015년 현재 5,206천 가구로 유배우 11,858천 가구의 43.9%에 이른다.

맞벌이 가구는 직장출퇴근으로 인해 취사시간이 부족하다. 그러다 보니 시간절약형 소비를 하는 수밖에 없다. 식재료의 경우 1차 원재료 대신 전처리 제품을 선택한다. 조리시간이 길어지거나 복잡한 식단이 아닌 간편식이나 반조리된 식품을 선호한다. 〈맞벌이 가구 현황과 소비 특성〉(현대경제연구원 2015)에 따르면 맞벌이 가구의 외식비, 편의식품비 지출이 9.9%로 외벌이 가구 9.4%보다 0.5%p 높았다.

대형마트에는 맞벌이 가구를 겨냥한 가정식 반찬이나 반조리식품이 다양하게 출시되고 있다. 탕류, 찌개류, 전골류 등의 반조리식품은 맞벌이 가구의 구매 욕구를 자극한다. 하지만 대형마트의 반조리식품은 높은 가격대비 품질 수준이 미흡한 편이다. 화학조미료에 의해 맛을 내고, 장류의 대부분이 대량생산된 원재료를 첨가하여 한식 고유의 맛을 느끼기엔 한계성을 지닌다.

외식창업자는 대형마트의 반조리식품 품질문제에 착안하여 맞벌이 가구를 위한 반조리식품 상품화에 적극성을 가져야 한다. 양질의 제품과 합리적인 가격으로 매장 내 출시를 한다면 호평이 예상된다. 간편식 및 반조리식품 시장규모가 매년 두 자릿수로 성장하고 있다는 것을 창업자는 주목하기 바란다.

〈도표 4〉 유배우 가구 중 맞벌이 가구 현황

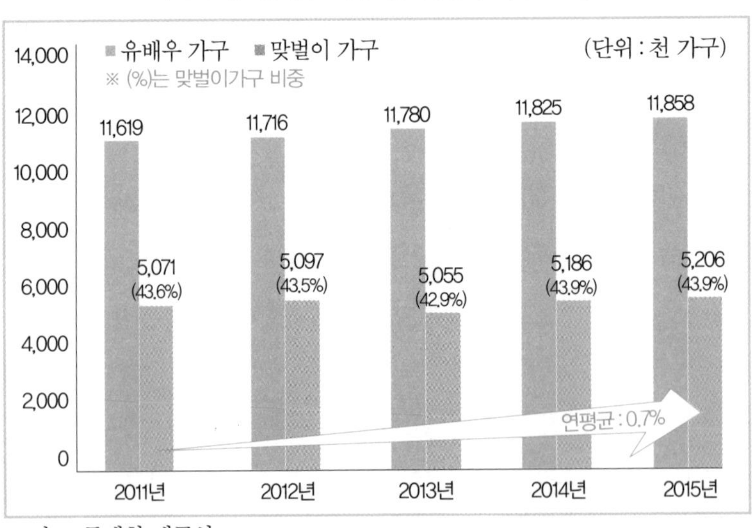

자료: 통계청_재구성

뉴 실버 세대, 새로운 시장으로 떠오른다

개개인 건강관리와 의료기술의 발전으로 평균수명이 높아지고 있다. 이에 따라 노인가구의 비중이 크게 늘어나고 있다. 2000년 65세 이상 노인가구는 전체가구의 11.9%인 1,734천 가구에 달했다. 이후 연평균 12%씩 증가하여 2035년 노인가구는 9,025천 가구로 전체 가구인 22,261천 가구의 40.5%에 이를 것으로 통계청은 추정하고 있다.

이처럼 노인가구가 증가하면서 실버마켓(Silver market)이 성장하고 있다. 외식분야도 새로운 시장임에는 틀림없다. 최근 노인가구는 경제적으로 여유 있는 가구가 늘어나고 있다. 젊은 세대들의 취업난과는 거리가 먼 과거에 가정경제를 일구고 노후를 준비했기 때문이다.

〈도표 5〉 전체가구 중 노인가구 추이

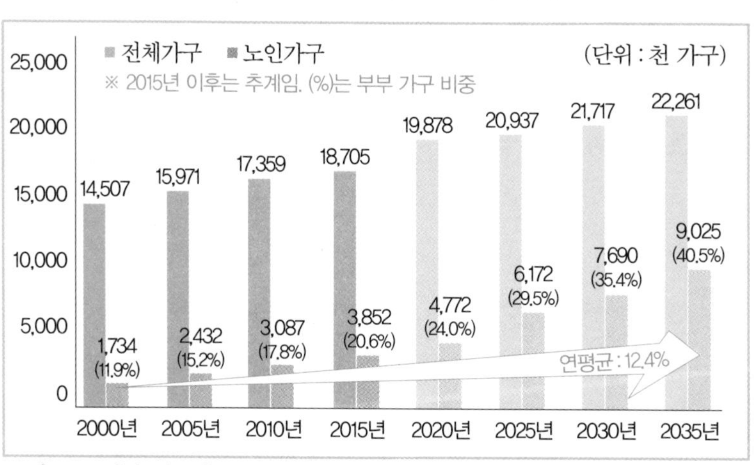

자료: 통계청_재구성

노인가구에 새로 편입된 고령자들은 인터넷을 자유롭게 하고 여행을 즐긴다. 몸에 좋은 건강식을 검색을 통해 찾아다닌다. 나이는 많지만, 젊게 사는 뉴 실버(New silver)세대들이 등장한 것이다. 이러한 노인가구를 가리켜 대중매체는 "노(No) 노(老) 족(族)"이라 부른다.

뉴 실버세대의 등장은 외식창업자에게 사업의 기회가 될 수 있다. "노(No) 노(老) 족(族)"은 안정된 경제력을 기반으로 합리적 소비에 매우 적극적이다. 식품소비의 경우 건강식 구매에 망설임이 없다. 양(量)보다 질(質)을 선호한다.

노인가구를 위한 외식창업은 건강기능성 음식에 초점을 맞춰야 한다. 고혈압·당뇨병 등을 위한 환자식 같은 기능성 음식을 적극적으로 개발해야 한다. 약선(藥膳)과 곤충식이 좋은 대안이 될 수 있다. 가정간편식이나 반조리 상태의 식품도 관심을 가져본다면 의외의 경영성과를 기대할 수 있다. 거동이 불편한 노인가구를 위한 배달서비스를 시도해 볼만하다. 소비수준이 높은 뉴 실버세대 고객을 집중 관리하는 영업 전략도 필요하다. "노(No) 노(老) 족(族)" 증가에 따른 외식창업의 전략이 필요한 시점이다.

인구구조의 변화는 새로운 시장이 형성된다는 의미다. 새로운 시장을 먼저 발견한다는 것은 사업기회를 선점하는 것이다. 인구구조의 변화를 읽을 줄 알면 잠재고객을 볼 수 있다. 숨어있는 고객을 발견한다는 것은 고객이 다니는 길목을 알 수 있다는 의미다.

05

변화 속에 잠재고객이 있다

상황을 가장 잘 활용하는 사람이 가장 좋은 상황을 맞는다.
– 존 우든

변화의 물결이 산업전반에 걸쳐 일어나고 있다. 앨빈 토플러(Alvin Toffler 1928~2016)는 그의 저서 《부의 미래》에서 "기업은 시속 100마일(160km)의 속도로 혁신에 혁신을 거듭하고 있다"고 말했다. 비즈니스 세계의 빠른 변화속도를 축약한 말이다. 변화는 언제나 예고 없이 다가온다.

변화는 기업의 생존을 위한 몸부림에서 시작된다. 변화 속에 기회가 있기 때문이다. 변화의 조짐을 남보다 먼저 간파한다는 것은 성장 동력을 선점하고 생명력을 높이는 것이다. 최근 외식분야에서 일어나는 변화는 매우 다양하다. 창업자는 변화의 흐름을 예의 주시하며 소비변화를 예측하고 대비해야 한다.

식재료의 고급화

고객들은 몇 해 전만 해도 안전한 식재료를 요구했다. 그러나 이제는 안전함을 넘어 기능성 식재료에 관심을 갖기 시작했다. 어느 한식당은 오메가-3와 오메가-6지방산이 풍부한 생들기름과 참기름을 직접 추출해서 사용하고 있다. 자칫 과하게 볶은 깨의 기름이 유해물질인 '벤조피렌'을 발생할 수 있기 때문이다. 식초 역시 대량 생산하는 일반 발효식초는 관심도 없다. 당도 높은 천연과일을 장기간 발효시켜 풍미가 뛰어난 식초를 사용한다.

화학조미료(MSG)가 아닌 천연조미료를 직접 만들어 사용하는 업체도 생겨나고 있다. 한식의 발효식품 중 만드는 과정이 힘들고 맛내기가 어렵다는 '장류'를 손수 담가 내기도 한다. 청정지역의 농산물이나 해산물을 직거래하는 외식업체도 드문 일이 아니다. 그런가 하면 자유무역협정(FTA) 체결에 따른 해외 식자재의 수입으로 메뉴의 다양성과 고급화를 실현하고 있다.

낯설지 않은 '혼밥'

1인 가구 증가로 혼자 밥을 먹는 사람들이 늘어나고 있다. 취업포털 '커리어'가 2015년 구직자 329명을 대상으로 '혼밥' 설문조사를 한 결과 21.28%(70명)가 매일 혼자 식사를 한다고 했다.

혼자 식사할 때 선택하는 메뉴는 음식점 31.91%로 가장 많았으며, 집 밥 도시락 21.28%. 편의점 도시락 14.89% 순위였다. 이외 인스턴트 음식 12.77%, 구내식당 10.64%, 빵류 8.51%가 뒤를 이었다.

혼밥족의 한 끼 식사비용은 4~5천 원(46.81%), 5~8천 원(29.79%), 1~3천 원(19.15%), 1만 원 이상(4.26%)으로 대답했다. 이들의 한 끼 식사 평균비용은 4,800원으로 산출된다. 추세가 이렇다 보니 대도시를 중심으로 '혼밥' 전문 식당이 하나 둘 생겨나고 있다.

'혼밥' 맛집으로 브랜드를 알리고 있는 혼밥전문식당은 한국관광공사(www.visitkorea.or.kr) 홈페이지에 접속하면 자세한 정보를 알 수 있다. 서울 강남 〈하나 샤부정/샤브샤브: 02-538-7114〉, 용산 〈메시야/일본가정식: 02-6402-0208〉, 강남 〈이야기하나/한우: 070-4190-8091〉, 마포 〈하카타분코/인라멘&차슈덮밥: 02-338-5536〉 등이 있다.

대중명품 매스티지

"고급 음식을 합리적인 가격으로 팝니다."

현재 외식시장에서 일어나고 있는 현상이다. 매스티지(Masstige)란 대중(Mass)과 명품(Prestige)의 합성어다. 매스티지 트렌드는 〈올반〉 〈한식대첩〉 〈자연별곡〉 등 한식뷔페를 전문으로 하는 대기업 외식브랜드가 선도하고 있다.

외식분야의 매스티지는 기존의 조리법을 재해석하는 데서 출발한다. 다양한 식재료와 고급화를 통해서 시각 및 미각의 품격을 높여주고 있다. 음식을 담는 방법과 그릇의 모양도 전통적인 틀을 과감하게 파괴했다. 주목할 점은 먹음직스럽고 예쁘게 보이는 것을 넘어 예술적 가치를 지향했다는 것이다.

고객들이 느낄 수 있는 매스티지 요소는 또 있다. 감성적인 조명으로 심리적 안정감을 주고, 잔잔한 배경음악은 기분을 향상시킨다. 셰프의 위생적이고 능숙한 조리과정을 공개함으로써 호기심 자극과 재미를 더해준다. 애피타이저(Appetizer), 디저트(Dessert)까지 서비스한다. 그러면서도 매우 합리적인 가격이다.

로하스(LOHAS) 소비의 등장

70년대만 해도 '보릿고개'가 있었다. '춘궁기'라고도 했다. 묵은 곡식이 다 떨어지고 햇곡식인 보리가 나오기 전이라 궁핍현상이 극점에 달했던 시기다. 이때는 잘 먹겠다는 것 보다는 배부르게 먹는 게 간절함이었다. 그런데 지금은 먹고 싶은 것 다 먹고 산다. 건강에 좋다는 '웰빙'을 넘어 로하스(LOHAS) 소비가 새로운 문화로 등장하기 시작했다.

로하스((LOHAS)는 'Lifestyle Of Health And Sustainability'의 약어다. 순화된 우리말은 '친환경살이'라는 의미를 갖는다. 로하스에서 소비는 건강뿐만 아니라 환경을 중시하는 생활방식이다. 로하스 소비의 태동은 환경파괴로 인한 심각성에서 시작되었다. 환경파괴는 건강에 대한 경고이며 장차 우리의 삶에 위협이 될 수 있기 때문이다. 그래서 보다 건강한 생활, 안전한 삶을 원하는 가치를 추구한다. 한동안 패스트푸드에 열광했으나 이제는 건강을 해치는 정크 푸드(Junk food)로 인식된다. 이후 신토불이(身土不二)가 친 건강임을 자부하며 로컬 푸드(Local food)에도 애착을 가졌다. 하지만 이마저도 건강을 담보하기엔 부족함이 있었다. 슬로푸드(Slow food)에 정성을 들이기도 했지만 문제는 여기서도 끝나지 않았다. 마지막 비장의 카드를 꺼내들었다. 오가닉 푸드(Organic food)다. 로하스 소비의 출발점은 오가닉 푸드 즉 자연식품(유기농)에서 시작한다.

건강을 보호하고 생명유지를 위해서는 먹을거리가 근본이 된다. 각종 먹을거리는 대지와 바다로부터 나온다. 하지만 도시화, 산업화의 영향으로 식재료의 원천이 오염·파괴되고 있다. 늦게나마 환경의 중요성을 인식하고 건강을 이롭게 하기 위해서는 환경을 보존해야 한다는 데 합의를 한 것이다.

로하스 소비자를 위한 음식점은 자연식품(유기농) 사용을 원칙으로 해야 한다. 조리시설과 실내 환경도 친환경적 요소가 가미되어야 한다. 최근 '로하스음식점' 지정이 필요하다는 목소리가 나오고 있는데 로하스 인증제도는 이미 시행되고 있다. 로하스 인증 취득은 대한민국로하스인증(www.korealohas.or.kr)에 문의(대표전화 : 1670-6009)하면 된다.

〈그림 1〉은 로하스 가치를 추구하는 소비자의 특징이다.

[그림 1] 로하스 소비자의 특징

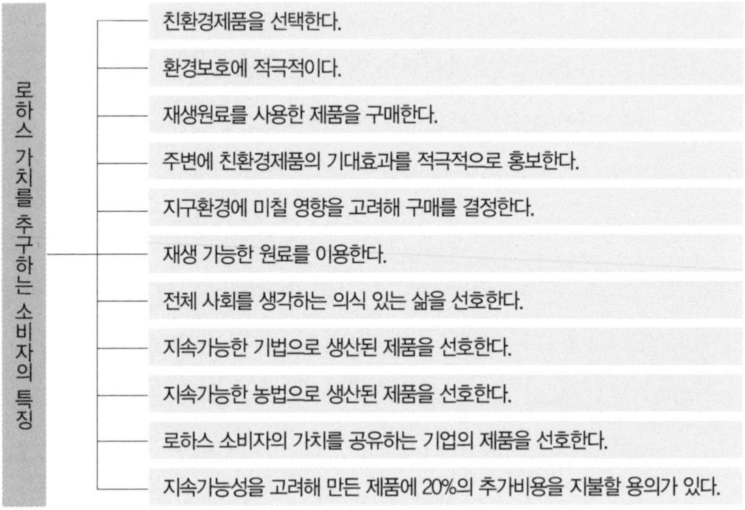

로하스 가치를 추구하는 소비자의 특징
친환경제품을 선택한다.
환경보호에 적극적이다.
재생원료를 사용한 제품을 구매한다.
주변에 친환경제품의 기대효과를 적극적으로 홍보한다.
지구환경에 미칠 영향을 고려해 구매를 결정한다.
재생 가능한 원료를 이용한다.
전체 사회를 생각하는 의식 있는 삶을 선호한다.
지속가능한 기법으로 생산된 제품을 선호한다.
지속가능한 농법으로 생산된 제품을 선호한다.
로하스 소비자의 가치를 공유하는 기업의 제품을 선호한다.
지속가능성을 고려해 만든 제품에 20%의 추가비용을 지불할 용의가 있다.

자료: 한국표준협회_재구성

로하스는 음·식료품에만 국한되지 않는다. 가정용품과 가구, 자동차, 산업용품 등 산업전반에 걸쳐 가능하다. 로하스 소비는 머지않아 모든 분야에 영향력을 행사하게 될 것이다.

음식점 형태의 변화

1인 가구와 부부 가구, 맞벌이 가구의 증가로 음식점의 형태가 변신을 하고 있다. 가정식사대용식(Home Meal Replacement) 테이크아웃 전문점으로 가정간편식 또는 가정식 대체식품을 주로 취급한다.

가정간편식은 별도의 조리를 하지 않아도 된다. 반(半)조리 하거나 완(完)조리 했기 때문에 전자레인지나 가스레인지에 가열해서 바로 먹을 수 있다는 것이 특징이다. 취사시간이 낭비되지 않는다는 장점 때문에 편리성을 추구하는 현대인들에게 안성맞춤이다.

가정간편식전문점 메뉴는 다양하다. 주식부터 고급일품요리까지 메뉴 라인업(Menu line up)을 잘 갖추고 있다. 가정간편식은 기존 냉동식품이나 패스트푸드와는 분명히 다르다. 가정식을 조리한 후 이동성과 섭취의 편리성을 갖추게 한 즉석포장식품이다. 따라서 실온 또는 냉장제품이 주류를 이루고 있다.

At농식품유통교육원에 따르면 가정간편식(HMR) 국내 시장규모는 2010~2015년 기간 연평균 24.2%의 성장률을 보이고 있다. 2010년 7,700억 원에서 2015년에는 1조7000억 원을 넘어섰다.

가정간편식의 시판제품수는 800여 종류에 이른다. 애피타이저(Appetizer)에서 디저트(Dessert)까지 없는 게 없을 정도다. 현재 가정간편식은 대형마트 주도로 시장을 확대하고 있다. 로드 숍은 프랜차이즈 가맹점이 진입을 시작한 단계다.

〈도표 6〉 가정간편식 국내시장 규모

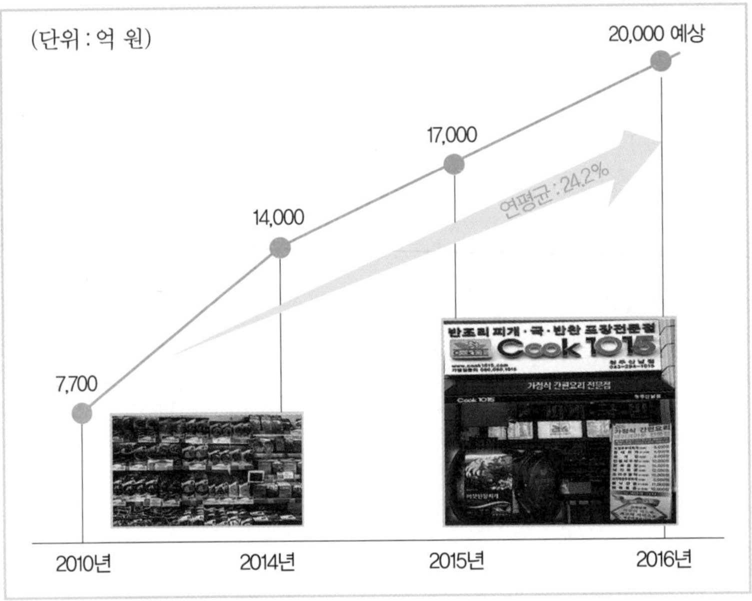

(단위 : 억 원)
20,000 예상
17,000
14,000
7,700
연평균 : 24.2%
반조리 찌개 · 국 · 반찬 포장전문점
Cook 1015
가정식 간편요리 전문점
2010년
2014년
2015년
2016년

자료: At농식품유통교육원_재구성

〈도표 6〉에서 보는 바와 같이 가정간편식 시장은 성장기의 호황을 누리고 있다. 가정간편식 테이크아웃 전문점은 33~49.5m^2 정도의 소규모 창업이 가능하다.

CHAPTER

2

당장 갖다 쓸 수 있는 고수의 메뉴개발 코칭

◇◇◇◇◇◇◇◇

01 창업메뉴 선정하기

일을 선택할 때는 자신의 소질과 사회의 수요를 함께 생각해야 한다. – 간디

메뉴는 외식창업을 위한 핵심요소다. 다른 조건을 충족했어도 메뉴 없이는 외식사업 자체를 논할 수 없는 절대적 가치인 것이다. 창업메뉴 선정을 위해서는 여러 요인들을 살펴보고 신중하게 결정해야 한다.

메뉴 선정을 위한 사전조사로 외부환경 분석(PEST분석)을 해야 한다. 즉 정치, 경제, 사회·문화, 기술 등으로 구분하여 각 분야가 지니고 있는 시사점을 도출해야 한다. 정부의 관여와 통제는 어떤 것이 있으며, 소비의 주체인 소비자의 경향은 어떤지, 사회·문화적 이슈와 트렌드는 어떻게 변화하고 있는지, 새로운 조리법과 식재료를 이용한 음식은 어떤 종류가 인기 있는지 등을 조사하고 분석해야 한다.

〈그림 2〉 외식업 외부환경 분석

- FTA 체결에 따른 수입 식재료 증가
- 식재료 원산지표시 의무화에 따라 정부에 의한 강력한 통제

- 식품안전에 대한 불신감 증폭
- 웰빙 개념의 음식 선호
- 식습관의 서양화로 에피타이저 및 디저트 문화의 정착

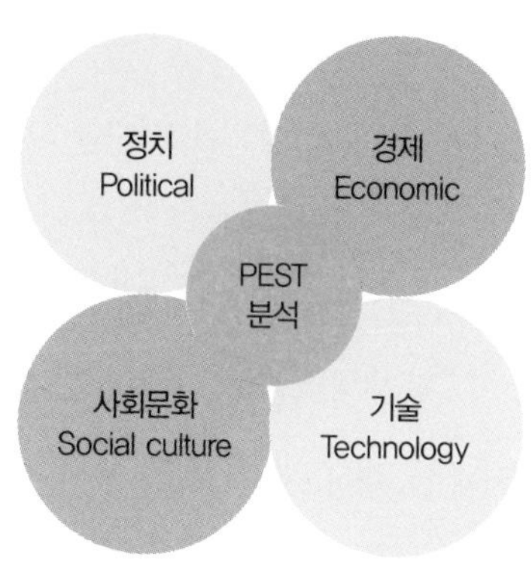

- 가처분소득의 증가로 외식 관련 소비지출이 점진적 증가함
- 1인 가구 및 맞벌이 가구의 증가로 간편식 수요가 늘어남

- 동서양 음식을 융합한 퓨전메뉴
- 식재료 다양화로 신개념 메뉴 등장
- 조리법 재해석으로 새로운 형태의 메뉴 출시

외부환경 분석을 위한 조사에 충분한 시간과 공을 들였다면 메뉴 선정 방향은 명확해진 것이다. PEST 분석을 통하여 〈그림 2〉와 같이 외식업 주요시사점을 도출하였다.

통계청(http://kostat.go.kr)의 국내인구 변화추이와 인구특성의 변화를 분석해 보면 외식소비 경향을 예측할 수 있다. 1인 가구가 증가하면 가정간편식 수요가 늘어나고, 맞벌이 가구가 증가하면 반조리식품의 소비가 촉진된다. 결혼을 했어도 아이를 원하지 않는 부부가구 비율이 높아지면 외식소비가 증가하는 식이다. 이같은 현상은 현재 진행형이며 향후 꾸준히 늘어날 것으로 보인다.

통계청 웹 사이트를 처음 방문하는 독자는 방대한 자료에 복잡하게 느낄 수도 있다. 하지만 약간의 인내심만 발휘한다면 창업에 유용한 자료를 별도의 비용 없이 원하는 만큼 추출할 수 있다.

자료 찾기가 어렵다면 통계청 콜 센터(02-2012-9114 / 110번)로

전화하면 친절하게 안내해 준다.

메뉴선택은 신뢰성 있는 자료를 바탕으로 선정기준을 정해야 한다. 창업자 기호에 의한 메뉴결정은 절대 금물이다. 반드시 외식 트렌드를 정확히 파악하고, 입점할 상권의 인구특성과 점포입지의 특이점을 잘 파악하여 신중한 선정을 해야 한다.

한 가지 주재료를 사용하여 다양한 메뉴를 개발할 수 있는지도 검토해야 한다. 해당되는 메뉴의 식재료 구입은 안정적인지, 연중 가격등락폭은 심하지 않은지도 사전에 파악해야 한다. 메뉴를 개발할 때는 동일상권 또는 지역상권을 대표하는 '맛집'으로 자리매김하겠다는 야심찬 각오로 준비해야 한다.

업소의 주력상품이 될 메인메뉴(Main menu)는 물론 고객을 유인할 수 있는 서브메뉴(Submenu)를 창업계획수립 시점부터 구상해야 한다. 서브메뉴 개발을 잘 했을 경우 고객유인 효과를 볼 수 있으며, 입소문의 빠른 확산도 기대할 수 있다.

식습관의 서양화로 에피타이저(Appetizer)와 디저트(Dessert) 수요가 꾸준하게 증가하고 있다. 디저트 메뉴개발도 잘 해 낸다면 제한된 공간에서 추가매출을 올릴 수 있다. 부가가치를 창출할 수 있는 인기메뉴가 될 수도 있으니 관심을 가져보자.

소비자의 교육수준과 경제력 향상, 라이프스타일의 변화로 건강메뉴에 대한 선호경향이 뚜렷해지고 있다. 메뉴를 개발할 때 간과해서는 안 될 것은 주방시설과 조리자의 능력을 고려해야 한다. 뭐니뭐니 해도 원가와 수익성을 꼼꼼하게 따져보고 결정해야 한다는 점을 분명히 밝혀둔다.

〈표 4〉는 메뉴개발 시 유의해야 할 내용이다.

〈표 4〉 메뉴개발 시 유의사항

세부내용	
인구특성의 변화주시	고객의 필요와 요구
메뉴와 다양성과 매력성	이용 가능한 식재료
영양적 요소	원가와 수익성, 투자규모
특성 있는 전문메뉴	외식형태 및 트렌드 주목
상권입지 별 차별화 가능한 메뉴	주력 메뉴 및 보조메뉴
조리자 능력 및 주방설비 수준을 고려	전문가의 조언
경영주의 주관보다 고객층에 알맞은 객관성	세트, 스페셜 등 이벤트화 할 수 있는 메뉴
건강메뉴 선호경향	오감을 자극할 수 있는 요리와 기물의 조화
한 가지 핵심재료로 다양한 메뉴개발	조리 레시피 작성
개성적인 고객에게 선택의 다양성을 줄 수 있는 메뉴	향후 프랜차이즈화를 고려

자료: 조리체계론/조리교재발간위원회/한국외식정보/2002_재구성

02 손 맛, 디지털 맛

음식물은 다섯 가지 맛이 균형이 잡히되 담백해야만 심신이 상쾌하게 된다. —동의보감

메뉴 선정을 했다면 상품화를 위한 메뉴개발을 할 차례다. 실험조리를 위한 레시피 워크시트(Work sheet)를 만들어 보자. 워크시트 없이 실험조리를 할 경우 시행착오를 반복하는 문제가 발생한다. 레시피 워크시트를 사용하면 개선할 부분을 쉽게 발견하고 보완하기가 쉽다. 또한 판매가격 결정을 위한 원가분석 시 메뉴개발에 투입된 비용을 손쉽게 산출해 낼 수 있다.

워크시트에 기재할 내용은 메뉴 및 원재료 명(원재료는 메뉴에 따라 다르므로 필요에 따라 줄, 칸 늘림)·사용중량·가격·조리방법과 소요시간·관련조리기구·사용기물·요리 담는 법·결과물 사진 등을 기재한다.

〈표 5〉 실험조리 레시피 워크시트

<table>
<tr><th colspan="6">실험조리 레시피</th></tr>
<tr><td colspan="2">메뉴명칭 :</td><td colspan="2">조리소요시간 :</td><td colspan="2">조리날짜 :</td></tr>
<tr><td>NO</td><td>원재료명</td><td>사용량(g)</td><td>백분율(%)</td><td>단가(원)</td><td>조리방법 요약</td></tr>
<tr><td>1</td><td></td><td></td><td></td><td></td><td></td></tr>
<tr><td>2</td><td></td><td></td><td></td><td></td><td></td></tr>
<tr><td>3</td><td></td><td></td><td></td><td></td><td></td></tr>
<tr><td>4</td><td></td><td></td><td></td><td></td><td></td></tr>
<tr><td>5</td><td></td><td></td><td></td><td></td><td></td></tr>
<tr><td>6</td><td></td><td></td><td></td><td></td><td></td></tr>
<tr><td>7</td><td></td><td></td><td></td><td></td><td></td></tr>
<tr><td>8</td><td></td><td></td><td></td><td></td><td></td></tr>
<tr><td>9</td><td></td><td></td><td></td><td></td><td></td></tr>
<tr><td>10</td><td></td><td></td><td></td><td></td><td></td></tr>
<tr><td colspan="2">총사용량</td><td>g</td><td></td><td>원</td><td></td></tr>
<tr><td colspan="6">종합조리방법 :</td></tr>
<tr><td colspan="6">사용조리기구 :</td></tr>
<tr><td colspan="6">사용기물 :</td></tr>
<tr><td colspan="6">요리 담는 법 :</td></tr>
<tr><td colspan="6">시식평가:</td></tr>
<tr><td colspan="6">개선점 :</td></tr>
</table>

<table>
<tr><td>조리순서 및
최종결과물
사진</td><td>사진
①</td><td>사진
②</td><td>사진
③</td><td>사진
④</td><td>사진
⑤</td><td>최종
결과물
사진</td></tr>
</table>

자료: 조리체계론/조리교재발간위원회/한국외식정보/2002_재구성

실험조리를 하기 위해서는 몇 가지 도구가 필요하다. 원재료 무게를 측정할 수 있는 1g 단위의 전자저울, 계량컵, 계량스푼, 디지털 염도계, 디지털 당도계, 디지털 산도계, 디지털 온도계, 타이머 등이 있다. 창업자 스스로 표준조리법을 만들기 위해서는 과학적인 도구의 도움을 받아야 한다.

입맛의 판단만으로 조리할 경우 일정한 맛을 유지하기 어려우며 품질표준화가 불가능하다. 개인별 맛에 대한 민감도 편차가 있으므로 동일한 음식을 만들어도 맛이 다를 수밖에 없다. 주방장이 바뀌면 그 식당의 음식 맛이 바뀌는 것과 같은 이치다. 따라서 과학적인 도구를 사용한 표준조리법을 만들어 놓으면 조리자가 바뀌어도 메뉴품질은 불변한다.

손맛을 도외시하라는 말은 아니다. 우리 음식의 깊은 맛은 대부분 손맛에서 나온다. 대표적인 김치와 장맛이 그러하고 각종 찌개나 무침의 감칠맛이 손맛에서 나온다. 그런데 손맛은 한두 해 경험으로 표현될 수 있는 맛이 아니다. 저자의 경우도 40여 년간 음식 다루는 업을 해 왔지만 손맛을 터득하게 된 것은 전문조리자로서 5~6년이 지나면서 조금씩 감을 잡기 시작했다.

예비창업자인 독자들은 극소수를 제외하곤, 음식조리를 전문으로 한 경험이 많지 않을 것이다. 따라서 과학화된 도구의 도움을 받는 것이 좋다. 정녕 특별한 손맛으로 고객서비스를 하고 싶다면 수년간 조리경험을 착실하게 쌓으며 손맛의 감을 충분히 터득한 후에 실천하기 바란다. 과학적 도구를 앞서갈 수는 없다.

〈그림 3〉은 메뉴개발과 표준조리법을 구현하는 데 필요한 도구들이다. 필자가 셰프(Chef)로 활동하던 70년대는 상상할 수 없던 과학화된 도구들이다. 이외 수분측정기, 점도측정기 등 유용한 도구가 다수 있으니, 미리 준비해 둔다면 조리의 과학화를 실현하는 데 큰 도움이 될 것이다.

〈그림 3〉 표준조리 구현에 필요한 디지털 도구

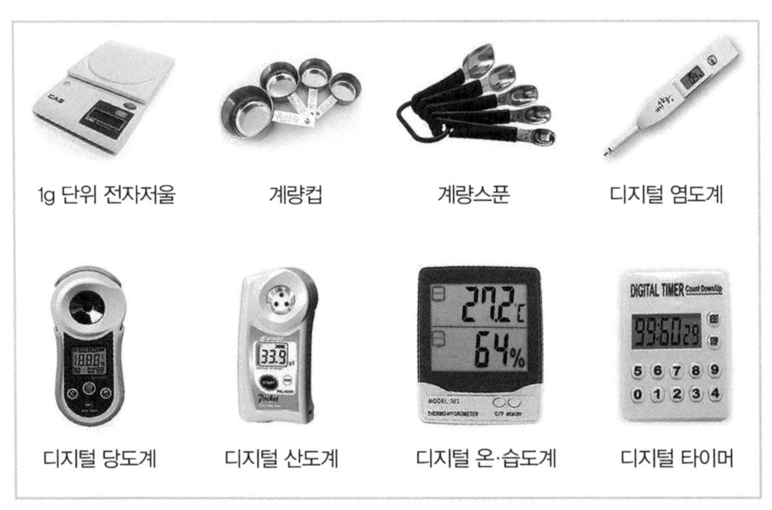

자료: 업체별 홈페이지

창업메뉴를 개발할 때 두 가지 선정 방법이 있다. 기존 업체의 상품화된 메뉴를 선택하느냐, 아니면 창업자의 아이디어에 의한 창작 메뉴를 개발하느냐다. 어떤 방법을 선택하든 창업자는 다음 몇 가지 사항을 꼼꼼하게 검토해야 한다.

첫째: 대중적 또는 특별한 고객층이 있는가

둘째: 현재는 물론 향후에도 고객이 선호할 수 있는가

셋째: 원재료는 손쉽게 공급받을 수 있는가

넷째: 재료의 연중가격 등락폭이 심하지 않은가

다섯째: 누구나 모방할 수 있는가

실험조리를 할 때는 최소한 세 가지 유형으로 하라고 권하고 싶다. 한 가지 조리법으로 했을 경우 '맛'의 방향을 설정하기가 곤란하기 때문이다. 세 가지 유형으로 실험조리를 하면 방향설정의 유리함은 물론 개발비용과 시간을 단축할 수 있어 매우 효율적이다.

메뉴개발은 손쉽게 좋은 결과가 나오기 힘들다. 만일 몇 차례 만에 스스로 만족한 결과물이 나왔다면 최종 결정을 유보해야 한다. 고객이 선호하는 메뉴, 차별화된 메뉴는 쉽사리 탄생하기가 어렵기 때문이다. 누구나 손쉽게 모방할 수 있는 메뉴는 경쟁력이 없거니와 생명력도 짧을 수밖에 없다.

03 가식부율과 폐기율의 차이

경영 수치를 읽을 수 있는 것이 우수한 비즈니스맨의 필수조건이 된다. – 데쯔시 후쿠시마

곡물을 제외한 식재료 대부분은 구입과 동시에 '가식부율'과 '폐기율'이 발생한다. 폐기율이란 식재료를 손질한 후 먹을 수도, 조리할 수도 없어 버리게 되는 비율이다. 가식부율은 먹을 수 있는 즉, 사용가능한 양의 비율이다. 따라서 폐기율이 높으면 손실율이 크고, 가식부율이 높으면 손실이 작다. 이는 곧 원가구성에도 영향을 준다.

생선의 폐기율은 어종에 따라 30~50%인데, 가식부율은 50~70%에 불과하다. 이와는 반대로 감자나 고구마는 폐기율 10%에 가식부율은 90%다. 일반적으로 식품의 신선도가 높을수록 폐기율이 낮다고 할 수 있다. 메뉴개발을 할 경우 이러한 자료를 기반으로 식재료의 가식부율과 폐기율을 측정하여 원가계산에 적용해야 한다.

식재료 미사용에 따른 손실도 간과해서는 안 된다. 선입선출 원칙을 세우고 꼼꼼한 관리를 해야 한다. 자칫 관리가 소홀하면 매출대비 수익이 저조한 영업구조가 될 수 있다. 그뿐만 아니라 조리과정에서 폐기되는 비율도 무시할 수 없다. 환경부의 폐기율 조사를 보면 음식점 식재료보관 중에 9%, 유통·조리과정 중에서 발생하는 폐기율이 57%이라는 통계가 이를 잘 증명해주고 있다.

〈표 6〉은 식재료별 폐기율과 가식부율을 비교한 것이다.

〈표 6〉 식품의 폐기율 및 가식부율

식품군	식재료명	폐기율(%)	가식부율(%)
야채류	파슬리	35	65
	콜리플라워, 샐러리	40	60
	양파, 부추, 감자, 가지, 고구마, 무	10	90
	고추, 토마토, 오이	5	95
과일	파인애플	55~60	40~45
	바나나	40	60
	사과	25	75
	키위, 배	20	80
난류	달걀	15	85
조육류	닭	50~55	45~50
어류	생선	30~50	50~70

자료: 조리체계론/조리교재발간위원회/한국외식정보/2002

다음 〈표 7〉은 식재료별 무게를 계량용기별로 비교한 내용이다.

〈표 7〉 식품의 무게비교

(단위 : g)

식품명	컵	큰술	작은술	식품명	컵	큰술	작은술
밀가루	100	8	3	물, 식초, 술	200	15	5
설탕	110	9	3	간장, 맛술	230	18	6
녹말가루	110	9	3	된장, 고추장	230	18	6
겨자가루	80	6	2	버터, 기름	180	13	4
찹쌀가루	120	9	3	토마토케첩	240	18	6
고춧가루	80	6	2	빵가루	40	3	1
참깨	120	9	3	마요네즈	190	14	5
천일염	160	12	4	우스터소스	220	16	5
후춧가루	90	7	2	생크림	200	15	5
새우젓, 멸치액젓	240	18	6	꽃소금	210	9	3

자료: 조리체계론/조리교재발간위원회/한국외식정보/2002

메뉴개발 평가

메뉴개발 후 객관적 평가를 위해 '메뉴시식평가표'를 작성해야 한다. 제삼자로 하여금 시식을 통해 냉정한 평가를 하고 피드백(Feedback)을 받아야 한다. 평가내용 중 평가자의 신상정보를 기재토록 하면 마케팅전략에 활용할 수 있으나, 개인정보보호법에 저촉되지 않도록 주의해야 한다. 하지만 성명과 성별, 나이, 연락처를 기록하게 하는 것이 목표고객의 욕구를 파악하는 데 도움이 되는 것은 물론 데이터베이스(Database)를 구축하는 좋은 자료가 된다.

세부 항목으로 ① 시각적 ② 담기상태 ③ 음식의 온도 ④ 음식의 양 ⑤ 메뉴 독창성 ⑥ 조리법 ⑦ 그릇 형태 ⑧ 미각적 ⑨ 가격 ⑩ 전체 만족도 ⑪ 종합의견 등이 있다.

평가는 '매우만족'부터 '매우불만족'까지 5단계 리커트(Likert) 척도를 사용한다(라이커트 척도라고도 하며, 척도 사용에 대한 보고서를 발간한 렌시스 리커트(Rensis Likert, 1932)의 이름에서 따온 것이다. 평가점수는 50점 만점으로 시식평가자의 최종점수가 40점 이상은 되어야 한다. 리커트 척도 평가 40점을 백분율로 환산하면 80점이 된다. 이는 곧 메뉴만족도 80점이 되는 것이다. 경쟁력 있는 메뉴를 위해서는 90점 범위에 속해야 한다. 리커트 척도 40점 이하의 평가에 대해서는 수정과 보완을 반복해서 목표점에 도달시켜야 한다.

시식평가를 하는 참여평가자 수도 중요하다. 통계학에서는 정보를 얻고자 하는 전체대상을 모집단이라고 하며, 전체의 부분을 표본집단으로 부른다. 시식평가의 신뢰도 수준을 높이기 위해서는 최대한 많은 수의 표본 집단이 필요하다. 객관적 평가를 검증받지 않는다면 사업개시 후 고객 불만에 직면할 수도 있다.

창업자산의 한계를 고려할 때 시식평가 표본 집단의 규모는 50~100명 내외면 무난할 것으로 보인다. 만일 가족과 지인 몇몇 사람들의 평가를 수용하여 창업할 경우 자칫, 메뉴리뉴얼(Menu renewal)을 하는 상황이 발생할 수 있다. 메뉴시식평가는 번거롭고 비용도 수반되지만 반드시 통과해야 할 관문이다.

〈표 8〉 메뉴시식평가표

평가자		구분	매우만족	만족	보통	불만족	매우 불만족
메뉴명		점수	5	4	3	2	1
		시각적					
성명		담기상태					
		음식의 온도					
성별		음식의 양					
		메뉴 독창성					
나이		조리법					
		그릇 형태					
연락처		미각적					
		가격					
E-mail		전체만족도					
		종합의견					
직업							

자료 : 조리체계론/조리교재발간위원회/한국외식정보/2002_재구성

04 음식은 눈으로 먼저 먹는다

진정한 식사의 즐거움은 그 식사시간 자체의 흥을 돋워야 한다.
– 미셸 브라

'보기 좋은 떡이 먹기도 좋다'는 속담이 있다. 뒤집어 생각하면 음식의 내용이 좋으면 모양도 예쁘다는 의미다. 음식은 시각적으로 보기 좋아야 한다. 식재료 고유의 색채와 모양에 눈이 먼저 즐거워야 한다. 그래야 맛에 대한 기대치가 높아지고 섭취했을 때 더 맛있게 느껴진다.

음식과 그릇은 바늘과 실의 관계와 같다. 함께 있어야 한다는 점에서 그렇다. 천하 일미의 음식도 담을 그릇이 없으면 그림의 떡이나 다름없다. 음식에 따라 어떤 종류의 그릇에 담느냐가 중요하다. 뜨겁고 차가운 음식에 따라 그릇의 재질, 모양, 색상도 달라야 한다. 담은 음식의 양에 따라 품질의 차이도 달라진다. 절제된 담음새가 필요한 이유다. 한식과 양식 담음의 방법은 달라도 절제를 요함은 같다. 그릇과 여백의 미는 음식을 담을 때 중요한 요소가 된다.

음식은 각각의 온도가 있다. 속성에 따라 뜨겁고 따듯하고 차가운 적정온도를 유지해야 한다. 적정한 온도가 아니면 음식 고유의 맛을 느낄 수 없다. 온도는 맛을 좌우하는 결정적 역할을 한다. 온도가 변하면 맛도 달라진다. 따라서 온도는 음식의 품질에 영향을 준다.

상품화된 음식은 독창성이 있어야 한다. 식재료는 친환경인지 유기농인지도 중요하다. 전처리 방법도 여러 가지 있다. 배합도 균형 있게 해야 한다. 기존의 조리법을 배제하고 재해석한 방법으로 조리했느냐가 핵심이다. 고정관념에서 역발상으로의 전환을 해야 한다. 조리법의 원칙론을 뛰어넘는 용기와 실험 정신이 반드시 필요하다. 독창성이 강한 메뉴는 남들과 다른 생각에서 탄생한다.

시각적으로 훌륭해도 맛이 없으면 음식의 자격이 없다. '빛 좋은 개살구' 격이다. 일반적으로 맛의 종류는 단맛, 짠맛, 신맛, 쓴맛, 매운맛 등이 있다. 최근에 와서는 '감칠맛'이 추가되었다. 다양한 맛을 고객의 입맛에 맞게 잘 표현할 줄 알아야 한다.

맛을 결정짓는 요소는 음식 외에 식공간의 환경도 한몫한다. 인테리어 수준, 식탁의 구성, 서비스, 조명상태, 음악, 조형물, 서비스, 냄새 등은 음식의 품질에 큰 영향을 미친다.

〈그림 4〉 메뉴의 시각적 효과

앞의 요건들은 메뉴의 품격을 결정하는 핵심을 이룬다. 미흡할 경우 고객가치는 하향곡선을 그리게 된다. 중요한 사실은 창업자가 고객가치를 지향하는 관점에 따라 다를 수 있다. 단일 메뉴라도 핵심 요건을 충족했다면 고품격 메뉴가 될 수 있다.

대중적인 음식은 자고로 맛이 좋아야 하지만 모양 있고 푸짐함이 있어야 좋다. 한식을 주식으로 하는 우리 국민들은 토속적이고 푸짐한 밥상을 선호한다. 더군다나 요즘처럼 경제가 어려워 마음의 여유조차 부족한 때에 주문한 밥상이 푸짐하게 나온다면 고객만족은 높아질 수밖에 없다.

외식창업은 경영자의 후덕한 성품이 필요하다. 이익만 따지고 운영을 하다보면 고객들은 야박함을 느끼고 재구매를 안 하게 된다.

컨설팅을 하다보면 인색한 경영자를 만날 때가 있다. 이럴 때 저자는 염려스러운 마음에 충언을 해준다.

"음식 맛만 좋다고 장사가 잘 되는 게 아니고 후덕함이 있어야 합니다."

외식업은 이익만 앞세워 고객을 대해서는 안 된다. 고객이 식사하는 동안 부족해 하는 것은 없는지, 다른 불만은 없는지, 먼저 다가가 살펴보고 관심을 가져야 한다. 6~7천 원짜리 식사를 하고서도 불만이 높은 이유는 구매와 동시에 소비하기 때문이다. 상품을 구매해도 섭취라는 행위를 통해 소멸되므로 박탈감을 더 크게 느끼게 된다.

외식업체 대부분 불경기를 호소하고 있다. 하지만, 전국을 다니면서 경험한 사실은 줄서서 기다려야 먹을 수 있는 식당도 많다는 것이다. 호황을 누리는 이들 업소들은 공통점을 가지고 있다. 다름 아닌 앞에 제시한 요건들을 충족하고 있다. '불황이다, 경쟁업소다' 하며 더 이상 다른 탓은 하지말자. 내 점포가 고객가치를 위해 얼마나 노력하고 있는지 자신을 향해 냉정한 질문을 던져보기 바란다.

상품으로서의 음식은 가치를 지녀야 한다. 음식은 과학과 예술의 속성을 지닌 융합체다. 이 두 가지가 조합되고 조리되어 탄생하는 것이 음식이다. 한 끼 식사를 해결하는 음식이 아닌 상품으로서의 품격이 필요하다. '음식은 눈으로 먼저 먹는다'는 말은 괜한 말이 아니다.

05 전문성·다양성으로 어필하라

품질이란 우연히 만들어지는 것이 아니라, 언제나 지적 노력의 결과이다. – 존 러스킨

모든 사물은 개별적 특성을 지니고 있듯이 외식 점포는 차별된 색깔을 가지고 있어야 한다. 음식은 점포의 정체성을 포함하고 있다. 남들과 다른 내 점포만의 전문성을 가지고 있어야 한다. 전문성은 어떠한 경우에도 성질이 변해서는 안 된다. 변하는 순간 이도 저도 아닌 어정쩡한 점포가 되고 만다. 이미지가 한 번 나빠지면 회복불능 상태가 되어 버린다. 업종전환을 해야 하는 상황이 될 수도 있다.

창업자는 사업계획 수립단계부터 전문성 있는 메뉴를 염두에 두고 출발해야 한다. 메뉴개발은 노력 여하에 따라 명암이 다를 수 있다. 고객의 식성에 따라 호불호가 갈린다. 이럴 경우 조급한 나머지 메뉴를 바꾸는 오류를 범해서는 안 된다. 품질에 대한 객관적인 평가(메뉴시식평가표 참조)를 한 후 개선방안을 모색해야 한다.

메뉴 반응이 안 좋다고 해서 무조건 메뉴 수를 늘려서는 안 되며 신중한 검토를 한 후 결정해야 한다. 늘리더라도 주 메뉴와 연관성이 있어야 한다. 일례로 '꽃게전문점'이라면 게살을 이용한 꽃게샐러드, 게살스프, 꽃게찜, 꽃게파스타, 게살피자, 꽃게그라탕, 꽃게전골 등으로 메뉴 라인업(Menu lineup)을 구성해야 한다. 카테고리(Category) 메뉴가 다양하면 단품메뉴는 물론 코스 요리까지 확장할 수 있다. 단, 전문성이 전제되어야 한다.

〈그림 5〉 메뉴의 전문성 사례

꽃게장	단품메뉴 / 코스메뉴
꽃게 샐러드	에피타이저 / 단품메뉴 / 코스메뉴
게살 죽	에피타이저 / 단품메뉴 / 코스메뉴
게살 스프	에피타이저 / 코스메뉴
꽃게찜	단품메뉴 / 코스메뉴
꽃게튀김	단품메뉴 / 코스메뉴
게살 롤	단품메뉴 / 코스메뉴
꽃게 파스타	단품메뉴 / 코스메뉴
게살피자	단품메뉴 / 코스메뉴
꽃게 그라탕	단품메뉴 / 코스메뉴
꽃게전골	단품메뉴 / 코스메뉴
꽃게 해물탕	단품메뉴 / 코스메뉴

- 주 메뉴와 관련성 있는 메뉴개발
- 카테고리 메뉴 다양화
- 단품 메뉴 및 코스메뉴
- 메뉴의 전문성
- 가족외식을 위한 메뉴
- 단체회식 가능한 메뉴
- 소비자에게 어필할 메뉴

메뉴의 전문성이 외식 점포의 정체성이라면 다양성은 고객을 위한 배려다. 전문성을 갖춘 메뉴일지라도 선택의 여지가 없다면 고객만족의 한계가 있다. 다양한 메뉴가 서비스 될 때 전문점의 위상은 배가 된다. 하지만 소규모 외식 점포는 단일 메뉴를 선택하고 집중하는 것이 바람직하다.

전문성을 갖춘 외식 점포는 식품안전에 대한 불신감 해소에도 적극적인 태도와 행동을 가져야 한다. 조리실 청결과 위생 상태는 물론 식재료의 선택에 특별함이 있어야 함은 물론이다. 육류는 HACCP(위해 요소 중점 관리 기준: Hazard Analysis and Critical Control Points) 인증을 취득한 업체에서, 농산물은 친환경식재료를 사용하는 것이 소비자안전에 대한 의무이자 책임이다. 건강을 중시하는 소비자는 날로 증가하고 있다. 이들은 한 끼 식사에도 건강을 고려하며 자신이나 가족의 건강을 위한 소비에는 인색함이 없다.

잘 되는 음식점은 좋은 식재료를 사용하며 신선하다. 점수를 준다면 80점 이상이 된다. 외식상품의 품질은 80점대만 넘으면 맛에 대한 고객 불만은 크게 발생하지 않는다. 그런데 대부분 외식업체들이 80점 문턱을 넘지 못한다. 왜 그럴까? 연구가 부족하기 때문이다. 전문지식과 조리기술도 미흡하겠지만, 자신의 상품을 최고로 만들어 보겠다는 당찬 각오와 투철함이 부족하기 때문이다. 하고자 하는 마음이 생기면 신념이 굳어진다. 굳은 신념으로 전국 최고의 맛집을 벤치마킹(Benchmarking)해서 자신의 것으로 재창조하면 된다.

06 고객은 가성비 좋은 상품을 원한다

실험이 많을수록, 더 좋은 결과를 이끌어낸다. –에머슨

합리적인 소비가 늘어나면서 '가성비'라는 말이 자주 오르내린다. 사전적 의미는 가격대비 성능비다. 외식상품도 가격대비 품질이 좋아야 재방문에 의한 구매율을 높일 수 있다.

고객은 상차림이 나오는 순간, 음식의 수준과 지불할 가격을 비교한다. 만족도가 높으면 괜찮겠지만 상반될 경우 불만감이 증폭한다. 즐거워야 할 식사시간이 불쾌감으로 이어진다. 불만고객은 부정적 소문을 내준다. 만족한 고객 열 명보다 불만고객 한 사람이 더 무서운 것이다.

1980년대 중반 수제만두 1인분의 가격은 단돈 500원이었다. 필자는 경쟁전략의 한 방법으로 포장 1인분에 한 개를 덤으로 주었다. 고객들의 반응은 뜨거웠다. 맛도 좋은데 덤까지 주니 단골고객을 넘어 충성고객이 늘어났다. 가성비 좋은 상품을 이미 30여 년 전에 실천했던 것이다.

가성비 좋은 상품을 구현하기 위해서는 조리지식과 기술을 체화시켜야 한다. 창업 전 조리학원에서 기초지식을 배우거나, 관심 있는 업종에 취업하여 현장실무를 탄탄하게 익혀야 한다. 유명 맛집의 벤치마킹도 필요하다. 원가관리도 중요하다. 상품의 원가를 알아야 덤을 얹어줘도 될지, 안 될지를 판단할 수 있는 것이다.

필자는 수제만두전문점 창업 후에도 전국의 유명 만두집을 찾아다녔다. 남들이 모방할 수 없는 최고의 상품을 만들고 품질을 유지하기 위해서였다. 최고의 자리를 지키기 위해서는 장인정신이 있어야 가능하다. 당시엔 인터넷도 없던 때라 신문, 월간지 등에서 정보를 얻어 새벽 기차를 타고 발품을 팔아가며 가성비 좋은 상품을 만들기 위해 종횡으로 누비고 다녔다.

가성비 좋은 상품으로 인정받으려면 수많은 땀방울이 필요하다. 경영활동을 하면서도 24시간 메뉴품질에 대해 몰입할 수 있는 열정이 있어야 한다. 고객들에게 사랑받는 상품은 결코 단기간에 탄생하지 않는다. 한 생명이 태어나듯, 수많은 인고의 시간 끝에 세상에 나오는 것이다.

식품제조업 할 때의 일이다. 소스 하나를 완벽하게 개발하기 위해 무려 2년 동안 공들인 적이 있다. 시식과 평가를 수없이 반복하고 보완과 수정을 지칠 만큼 한 후에야 가성비 좋은 상품, 경쟁력 있는 소스를 탄생시켰다.

외식창업자가 간과해서는 안 될 것이 있다. 음식을 만드는 조리자로서 기본자세만큼은 불변의 법칙으로 여겨야 한다.

〈표 9〉는 조리자의 기본자세를 정리한 것이다. 항상 염두에 두고 실천할 것을 당부한다.

〈표 9〉 조리자의 기본자세

구분	세부내용
항상 자세를 바르게 한다.	올바른 자세가 바른 생활의 근간임을 명심하고 모든 생활자세를 항상 바르게 갖도록 노력해야 함.
건강에 유념하여 심신을 바르게 한다.	건강한 신체를 가질 수 있음으로써 바른 정신이 깃들 수 있음을 주지하여 늘 건강한 신체를 유지할 수 있도록 노력해야 함.
위생관념이 투철해야 한다.	위생은 조리사들의 생명임을 명심해야 함. 조리작업 환경은 항상 철저한 청결을 유지하고, 식자재 선별에서부터 음식이 완성되어 고객에게 제공될 때까지 투철한 위생관념으로 문제가 발생하지 않도록 주의를 게을리 하지 않아야 함.
마음과 정성을 다한 음식 상품을 만든다.	조리 상품마다 마음과 정성을 다해 고객이 감동할 수 있는 음식을 제공할 수 있도록 해야 함. 또한 고객의 기호에 맞는 영양가 높고 맛있는 요리를 만들 수 있도록 노력해야 함.
철저한 시간관념을 갖는다.	정확하고 철저한 시간관념이 자기관리의 기본임을 명심하고 일상생활 및 제반 업무에 있어서 투철하고 정확한 시간관념이 필요함.
꾸준히 연구하고 개발하는 자세가 필요하다.	항상 음식을 개발하려는 자세가 필요하며, 고객의 서비스 차원에서 꾸준한 연구와 새로운 음식의 패턴을 살펴 제공하려는 노력이 절대적으로 필요함.
근검절약하는 자세와 생활이 필요하다.	일상생활에 있어서는 근검절약을, 제반 업무에 있어서는 원가절감 및 관리능력을 실천할 수 있는 노력이 절대적으로 필요함.
예술적인 감각을 기른다.	조리는 과학이며, 예술이라는 의식을 갖고 조리에 있어서 예술적인 감각을 가미시킬 수 있는 자질을 향상시킬 수 있도록 노력하여 고객에게 다시 한 번 기억을 상기시키려고 힘써야 함.

자료: 조리체계론/조리교재발간위원회/한국외식정보/2002

모든 분야에는 기본원칙이 있다. 그만큼 중요하다는 의미다. 기본원칙이 흔들리면 방향성을 잃고 한 걸음도 나갈 수 없다. 창업에 성공한 사람들의 공통점은 자신들이 정한 기본원칙을 생명처럼 여겼다는 것이다. 대충대충 했다가는 망하는 지름길이라고 그들은 하나같이 입을 모은다. 필자 역시 기본원칙에 충실했기에 창업에 성공할 수 있었다.

고객은 창업자가 흘리는 수많은 땀방울을 알 수 없다. 그러나 잘 개발된 상품은 고객들에게 진실을 전달하는 착한 매개체 역할을 해준다.

07

눈을 돌려라, 친환경·친건강 식품 식용곤충이 뜬다

새로운 요리의 발견은 새로운 별의 발견보다도 인류의 행복에 한층 더 공헌한다. –브리야 사바랭

식재료의 개념이 바뀌고 있다. 징그럽다는 선입견을 품어왔던 곤충(昆蟲)이 엄연한 음식으로 조리되어 고객의 식탁에 오르고 있다. 단순메뉴가 아닌 전채 요리와 메인메뉴, 디저트까지 일품요리의 구색을 제대로 갖추고 있다.

문헌에 따르면 곤충식의 역사는 인류의 역사와 함께한다. 음식이 발달하기 훨씬 이전인 원시시대부터 생명유지의 목적으로 곤충을 먹어왔다. 알고 보면 지구상의 모든 인류가 식용 가능한 곤충을 이미 먹어왔던 셈이다. 지금도 동남아시아와 중앙아프리카, 남미의 일부 국가에서는 곤충의 원형(原形)을 유지한 식재료를 일반 식품처럼 시중에서 자유롭게 판매하고 있다.

다양한 먹을거리가 넘쳐나는 오늘날, 곤충이 주목을 받는 데는 그만한 이유가 있다. 식용곤충은 여타의 육류에 비해 저비용 생산과 친환경·친건강 식품이다.

"식용곤충은 가축사육의 10분의 1 비용으로 생산이 가능하다. 단백질 1kg을 생산하기 위해 필요한 경작지 면적은 귀뚜라미 15, 닭 45, 돼지 50, 소 200m^2의 토지가 소비된다."(매일신문 2016.01.29)

"메뚜기 1kg을 생산하기 위해서는 2kg의 사료면 충분하지만 소고기 1kg을 생산하기 위해선 10kg의 사료가 필요하다. 온실가스 배출량은 돼지나 소에 비해 100분의 1 정도이니 친환경적이다."(한겨레 2015.08.10)

식용곤충은 식품공장에 준하는 위생시설을 갖춘 실내 환경에서 사육된다. 일정한 온도와 습도 유지를 위해 냉난방기와 가습기를 가동한다. 그뿐만 아니라 신선한 공기를 외부로부터 유입시켜 쾌적함을 유지하고, 때로는 공기청정기도 사용한다. 이쯤 되면 식용곤충은 '곤충복지' 차원을 넘어 최고의 귀빈대접을 받는 것이다. 가축농장과는 감히 비교되지 않는 클린 룸(Clean room)에서 사육되고 가공한다. 때문에 가축처럼 질병예방을 위한 항생제를 사용할 필요가 없다. 오염원이 원천적으로 차단되어 세균 오염이나 전염병이 발생하지 않기 때문이다.

〈그림 6〉 위생적인 곤충농장 내부전경

국립수의과학검역원, 동물약품협회보고서 〈동물에 사용되는 항생제 현황과 내성균. 2008년〉에 따르면 국내 가축산업에서 질병치료와 예방, 성장촉진 등의 목적으로 사용되는 항생제 사용량은 연간 약, 1천400~1천500톤 정도 사용되고 있는 것으로 조사되었다. 독자들의 이해를 돕기 위해 이를 물량으로 계산하면, 4톤 트럭 350~375대에 해당하는 엄청난 양이다. 2008년부터 사용량이 점차 감소하고 있다고 하지만, 가축산업이 본격화한 1972년 이후 45년여 동안 단백질 섭취를 위해 우리는 선택의 여지없이 항생제 잔류물질을 함께 먹어왔다는 사실이다. OECD보고서는 가축산업에 사용하는 항생제 내성으로 인한 인체건강의 악화 우려를 경고하고 있다.

식용곤충은 육류와 비교했을 때 100g당 단백질 함유량이 월등하게 높다. 돼지고기 15.8g, 소고기 20.8g에 비해 귀뚜라미 26.4g, 갈색거저리 50.32g, 벼메뚜기 70.4g으로 가축사육에서 얻는 육류 단백질과는 비교되지 않을 만큼 풍부하다.

〈그림 7〉 육류 단백질과 곤충 단백질 비교

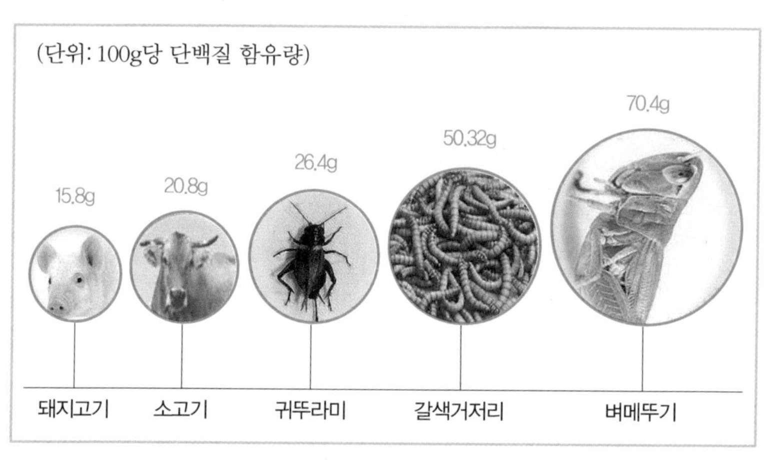

자료: 농촌진흥청_재구성

국제연합식량농업기구(FAO: 식용곤충 식량 및 사료 안보 전망. 2013)는 식용곤충이 영양적으로도 육류보다 우수함을 알리고 있다. "곤충은 고지방(불포화 지방산), 고단백질, 비타민, 섬유질, 미네랄 등이 풍부한 영양가 높은 건강식품이다. 갈색거저리(Mealworm)의 경우, 불포화 오메가-3(알파-리놀레산, 에이코사펜타엔산(EPA), 도코사헥사엔산(DHA)) 및 6계 지방산(리놀레산, 감마-리놀레산, 아라키돈산)의 성분은 생선과 비슷한 수준으로 소나 돼지보다 높고, 비타민, 미네랄 함량은 생선 및 육류와 거의 비슷한 수준이다."

식용곤충은 영양뿐만 아니라 한의학 및 서양 의학적으로도 효능이 있는 것으로 알려졌다.

〈표 10〉 식용곤충의 의학적 효능

곤충 종류	한의학적 효능	서양의학적 효능
귀뚜라미	해열제, 이뇨제, 신경마비, 소변불통 및 부인의 난산 등에 사용	토코페롤을 통한 알콜 해독능력 상승. 글루타치온 에스 트랜스퍼라제의 활성을 이용한 간 보호 효과
벼메뚜기	백일해 치료, 천식 치료, 위장기능 강화, 비장기능 강화, 정력 강화	풍부한 단백질 성분으로 단백질 보충, 트립신이 풍부하여 소화기능 촉진
갈색거저리	기침·가래·토혈 치료, 중풍과 반신불수 등의 치료효과	불포화지방산 풍부, 무기질과 식이섬유가 풍부해 식이요법에 도움
흰점박이꽃무지유충	강정제, 통증 완화, 악성 부스럼 치료	니아신을 통한 독성해독과 혈액순환 개선
번데기	심신발육 촉진, 해열제, 당뇨병예방, 고지혈증 개선 및 피부보습 효과	레시틴을 통한 뇌신경세포 조직발달
불개미	기침·감기·천식치료, 동맥경화 치료에 효과	수분과 섬유소가 풍부해 고혈압 예방

자료: 식품의약품안전처 블로그

식용곤충을 먹는 나라는 '아시아 29, 오세아니아 14, 유럽 11, 아프리카 36, 아메리카 23개 국가 총 113개국으로 전 세계 206개 국가의 55%에 이르는 나라가 곤충을 먹고 있다. 지구상에서 식용 가능한 곤충의 수는 1천900여 종류에 달하며, 현재 세계 인구(71억 명)의 28.2%인 20억 명이 곤충을 식품으로 사용하고 있다. (출처: http://www.entomoveproject.com/blog/2015/07/05/insect-paleo/)

우리나라 식품의약품안전처에 의해 식품원료로 허가된 곤충은 2017년 8월 현재 메뚜기, 누에번데기, 백강잠누에, 갈색거저리유충, 흰점박이꽃무지유충, 장수풍뎅이유충, 귀뚜라미 등 7종류가 해당된다. 아직은 식용곤충에 대한 국내 인식이 미미해 극히 제한적이지만, 해외사례로 볼 때 식용곤충의 허가 범위가 점차 확대되고 정부의 곤충산업 육성에 대한 지원정책도 활기를 띨 것으로 보인다. 그 때쯤 되면 곤충음식이 소고기와 돼지고기, 닭고기처럼 일상적으로 먹을 수 있는 대중음식이 되고, 곤충요리를 전문으로 창업하는 외식 점포가 곳곳에 문을 열게 될 것이다.

필자는 곤충농장의 사육 실태를 파악하기 위해 어렵사리 현장탐방을 통해 확인해 보았다. 식용으로 사육하는 곤충농장은 기존 가축농장의 선입견을 한순간에 불식시켰다. 앞서 밝힌 대로 곤충 생장의 최적 환경을 위해, 냉난방과 습도를 맞춰주고 신선한 외부공기를 유입한다. 때문에 축산 공해 같은 나쁜 냄새는 전혀 느낄 수 없다. 곤충은 환경에 예민하게 반응하므로 조건이 충족되지 않으면 사육할 수 없는 까다로운 생물이다. 가축처럼 사육해서는 단 며칠을 살 수 없다. 그런 관계로 식용곤충은 자연환경을 온전하게 갖춘 조건에서 사육이 가능하다. 곤충은 이처럼 친환경에서 길러지고 가공됨에 따라 친건강 식품일 수밖에 없는 것이다. 식용곤충은 가축농장의 불결한 환경과는 비교대상 자체가 될 수 없다.

"식용곤충의 맛은 과연 어떨까?"

독자들의 이해를 돕기 위해, 곤충요리 조리법을 배우고자 3개월간 장거리 학습의 노고를 마다하지 않았다. 식재료 용도로 가공된 제품은 건조분말과 원형건조, 액상 형태로 나뉜다. 때문에 징그럽거나 혐오스럽지 않다. 징그러운 것을 따진다면 '누에 번데기'가 더 징그러운 편에 속할 수 있다. 그런데도 번데기를 거부감 없이 먹는 것은, 오래전부터 먹어온 습관이 배었기 때문이다. 식용곤충의 맛은 생각보다 훨씬 맛있다. 저자는 원형 건조된 굼벵이(흰점박이꽃무지유충)를 먹는 순간, 시중에 판매되는 '스낵'으로 착각할 뻔 했다. 귀뚜라미는 메뚜기 맛과 흡사하고, '갈색거저리 유충'은 바삭바삭하며 고소한 맛이 일품이다.

〈그림 8〉 식재료 용도로 가공된 식용곤충

곤충, "징그러워서 어떻게 먹지?"하는 것은 새로운 것에 대한 선입견과 기존 육류음식에 오랫동안 길들여진 입맛으로 고정관념이 작용했기 때문이다. 헤르만 헤세의 소설《데미안》중에 이런 내용이

있다. "새는 알을 깨고 나온다. 알은 하나의 세계다. 새로 태어나려는 자는 하나의 세계를 파괴해야 한다." 고정관념의 틀에서 과감하게 벗어나라는 말이다.

국내 '곤충음식' 전문점은 얼마나 될까? 서울 신당동 '빠삐용의 키친'이 유일하게 곤충음식전문점 제1호다. 빠삐용의 키친 곤충요리 메뉴는 쿠키·스프·파스타·고로케·디저트 등으로 구성되어 있다. 이곳에서 곤충요리를 맛보려면 사전예약을 해야 한다. 곤충요리가 친건강 식품으로 알려지면서 선호하는 소비자들이 늘어나 입소문을 타며 확산되고 있다.

현재 국내는 곤충 요리 외, 특허 받은 곤충에너지 바와 곤충 빵도 시판되고 있다. 맛과 영양적으로 건강식품임을 인정받아 주문량이 꾸준히 증가하고 있다는 게 업체관계자의 설명이다. 그뿐만 아니라 '환자식'도 개발되어 일부 병원에서 환자들에게 제공한다. 현재 곤충식품산업이 도입기인 점을 감안할 때, 남들보다 한 발 먼저 진입한다면 경쟁우위를 분명 선점할 수 있을 것이다. 또한 창의력을 발휘해 새로운 상품을 개발한다면 '특허인증'도 어렵지 않게 취득할 수 있다. 특허권의 존속기간이 20년임을 고려할 때 '특허상품'에 대해 독점권을 부여한 고부가가치의 경제적 권한인 셈이다.

〈그림 9〉 곤충요리 사례

식용곤충산업을 먼저 도입한 해외 국가들은 국내와는 비교할 수 없을 만큼 다양한 상품들이 소비되고 있다. 스프와 피자, 햄버거는 물론 초밥과 우동 등 그 종류는 헤아릴 수 없이 많다. 곤충음식 '마니아' 층이 두터워지고 있는 현상은 식용곤충산업의 전망을 매우 밝게 하고 있다. 이 같은 추세가 이어진다면, 머지않은 미래에 기존 식품에 곤충분말이나 원형건조형태의 곤충을 첨가한 상품이 주류를 이루는 날이 도래할 것이다.

가축사육에서 얻어지는 육류는 여러 가지 문제를 끊임없이 일으키고 있다. 늘어나는 사육농장으로 토지의 부족이 현실화되고 있으며, 고비용 생산에 따른 고육가(高肉價)는 외식사업자의 원가상승 부담으로 작용하고 있다. 더 나아가 환경오염과 가축의 질병, 항생제 사용에 따른 인간에 대한 건강위협은 쉽게 해결될 기미조차 보이질 않는다. 심지어는 국민식품인 달걀조차도 이제는 안심하고 먹을 수 없는 상황이 되고 말았다.

건강을 유지하고 장수하기 위해서는 무엇을 먹느냐가 중요하다. 이제 곤충은 원시시대 생명유지의 목적으로 먹었던 징그러운 벌레가 아니라, 친건강 식품임을 인식해야 한다. 식용곤충은 여러 방면에서 육류에 비해 월등하게 우수함을 세계가 인정하고 있다. 우리가 갖고 있는 선입견만 바꾼다면 머지않아 음식의 역사를 분명 다시 쓸 것이다.

08 3D프린터 요리를 맛보았는가

지구촌은 강자와 약자 대신 빠른 자와 느린 자로 구분될 것이고,,
빠른 자는 승리하고 느린 자는 패배한다. – 앨빈 토플러

현실이 되고 있는 3D프린터 요리

공상과학 영화에나 나올듯한 가상현실이 실제 현실화 되고 있다. 3D프린터가 바로 그 주인공이다. "에디슨이 전구를 발명한 이후 최대의 발명품으로 평가받는다"는 3D프린터는 제4의 산업혁명을 가져온다는 것이 관련전문가들의 공통된 의견이다.

조사한 자료에 따르면 3D프린터 활용사례는 광범위하고 우리의 생각보다 가깝게 다가오고 있다. 식품, 소비재, 쥬얼리, 예술, 의료, 건축, 자동차, 조선해양, 우주항공분야 등에서 놀라운 결과물을 창출하고 있으며 빠른 속도로 진화하고 있다.

이 책에서는 주제의 성격상 3D프린터의 개념을 간략하게 설명하고, 3D프린터가 구현할 수 있는 3D푸드 프린팅(3D Food Printer)에 관해 기술한다.

3D프린터 원리는 복잡하지 않다. 아래 〈그림 10〉과 같이 "X축의 움직임은 좌우로, Y축의 움직임은 앞뒤로 움직이며, Z축은 X Y평면에 수직으로 움직인다. 3,4개 정도의 스테퍼 모터[1]로 X·Y·Z 각 축의 움직임을 컨트롤 하며 나머지 한 개의 모터로 압출기[2]를 컨트롤한다." (출처: 3D프린터의 모든 것/고산, 허제, 형경진. 동아시아)

〈그림 10〉 3D프린팅 개념

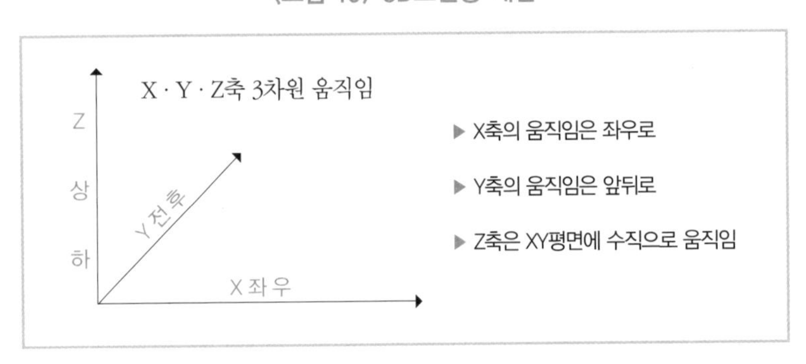

자료: 3D프린터의 모든 것/고산, 허제, 형경진. 동아시아_재구성

1 스테퍼 모터(Stepper motor/스텝 모터 or 스테핑 모터)란 한 바퀴의 회전을 많은 수의 스텝들로 나눌 수 있는 브러쉬리스(Brushless) 직류 전기 모터다. 모터의 위치는 모터가 적절하게 장치에 설치되어 있는 한, 어떤 피드백 장치 없이도 아주 정확하게 조절이 가능하다. (출처: 위키백과)

2 압출기(사출 성형기) 3D프린터의 심장과도 같으며, 제품을 형상화 하고 우수한 질감을 표현하는 것은 압출기의 성능에 달려있다. (출처: 3D프린터의 모든 것/고산, 허제, 형경진. 동아시아)

베드(Bed: 3D프린터의 보드)는 식재료 성형물이 최종 프린트되는 공간이다. 베드는 달라붙지 않는 소재를 사용한다. 출력 후 베드에 결과물이 붙게 되면 상품으로서의 품질저하를 초래할 수 있기 때문이다.

3D프린터 요리는 어떻게 출력되는 것일까? 3D프린터 요리를 출력하기 위해서는 아래 〈그림 11〉과 같은 과정을 거쳐야 한다. ① 메뉴별 식재료 캡슐준비 ② 식재료 캡슐 3D프린터 삽입 ③ 3D캐드로 디자인한 음식도면 프린터 전송 ④ 베드(3D프린트 보드)에 입체감 있게 적층(층층이 쌓임)해 가며 실물요리를 출력한다. 3D프린팅 된 요리는 추가 조리과정 없이 곧바로 고객에게 서비스 할 수 있다.

〈그림 11〉 3D푸드프린터 출력과정

식재료 캡슐

캡슐 삽입

디자인 전송

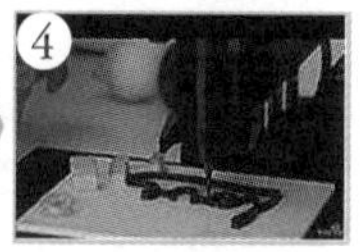

3D프린트

자료 : http://www.bocusini.com_재구성

"하지만 3D프린터로 모든 음식을 출력하지는 못한다. 아직까지는 빵, 케이크, 과자, 초콜릿, 와플, 푸딩, 햄버거, 피자 등에 국한된다." 그렇지만 머지않은 미래에 에피타이저(Appetizer)부터 디저트(Dessert)까지 3D프린팅 요리가 우리의 식탁에 오르게 될 것이다.

산업용 3D프린터를 생산하는 미국의 3D 시스템즈(3D Systems)는 2015년 10월, LA에 3DS 요리연구소(Culinary Lab)를 설립했다(LA중앙일보 2015.10.30.). 3DS 요리연구소는 미국의 유명 셰프들과 공동으로 다양한 요리를 연구 개발한다는 청사진을 발표했다. 3D 시스템즈의 이 같은 움직임은 3D프린팅 요리시대를 알리는 신호탄으로 받아들여야 한다. 향후 '3D프린팅 요리' 시장의 잠재적 가치를 짐작할 수 있는 대목이다.

〈그림 12〉 3D프린팅 푸드

자료

① https://3dprintingindustry.com/news/small-scale-3d-printing-businesses-cut-slice-cake-22827/

② http://thenewstack.io/delicious-and-nutritious-3d-printed-food-represents-a-new-way-of-eating/
③ https://kr.pinterest.com/pin/288160076132812114/
④ http://geyserofawesome.com/post/76431457182/heres-an-awesome-high-tech-sweet-for-geeky _저자 재구성

3D프린터 요리의 가장 큰 장점은 현재와 같은 획일적인 서비스가 아니라, 고객별 취향에 부합한 맞춤 서비스를 할 수 있다는 것이다. 동일한 메뉴일지라도 고객의 특별한 날이나 기분 상태에 따라 고객이 원하는(문자·문양·동식물) 다양한 형태의 디자인을 할 수 있어 고객만족도를 배가시킬 수 있다.

3D프린팅 요리는 영화 같은 얘기도, 막연한 미래예측도 아니다. 머지않아 레스토랑 식탁에는 일류 셰프(Chef) 솜씨를 뛰어넘는 감성만점인 3D푸드프린터(3D Food Printer) 요리가 고객을 맞이할 준비를 하고 있을 것이다.

3D푸드프린터의 종류

독자들의 이해를 돕기 위해 3D푸드프린터와 프린터별 출력 내용을 〈그림 13, 14〉와 같이 제시하였다. 와플(Waffle), 초콜릿 등은 디저트(Dessert)로 좋으며, 독립 업종 창업도 가능할 것으로 보인다.

〈그림 13〉 시판중인 3D푸드프린터

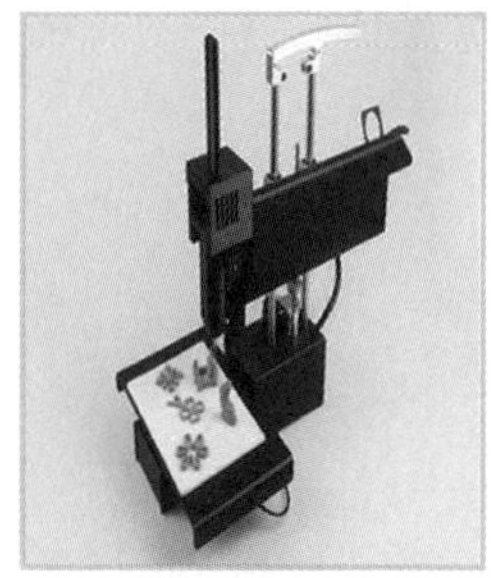

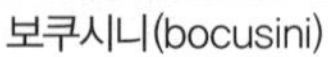

보쿠시니(bocusini)

셰프젯(Chefjet)

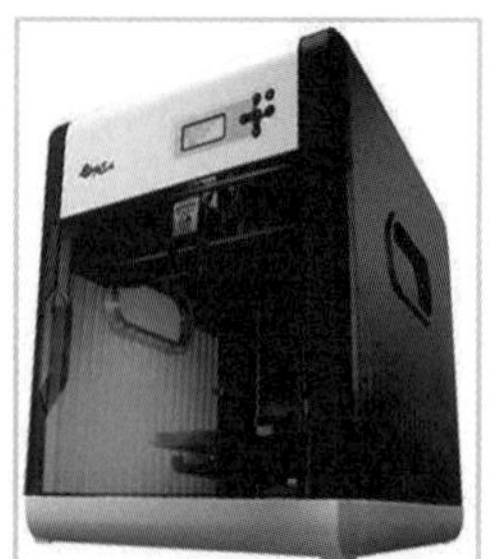

엑스와이젯(XYZ)

팬케이크 봇(Pancake Bot)

푸디니 (Foodini)

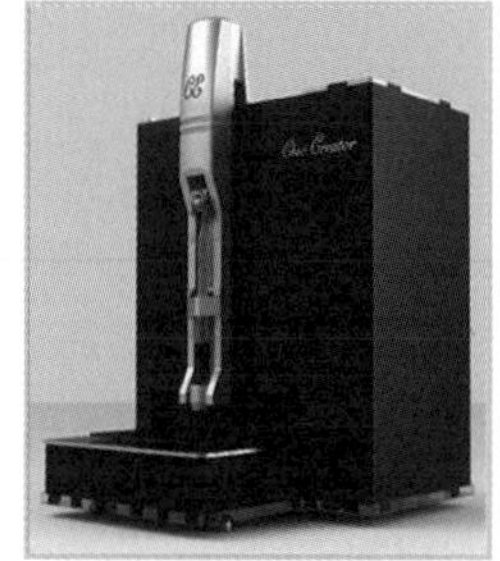

초크 크리에이터 V2
(Choc Creator V2)

자료: 업체별 홈페이지_재구성

3D푸드프린터 가격을 조사한 결과, 동일한 제품이라도 유통업체에 따라 차이가 많은 것을 발견하였다. 아마존(amazon.com)과 여러 3D프린터 전문 몰(mall)의 판매가격이 상이하므로 구매계획 시 가격비교 후 결정해야 한다. 3D푸드프린터의 가격은 1백만 원대부터 1천1백만 원 초반(2016년 상반기 기준)까지 출력 아이템(Item)에 따라 다양한 가격을 형성하고 있다.

〈그림 14〉 3D푸드프린터별 출력 내용

구분	출력 아이템		
보쿠시니 (bocusini)			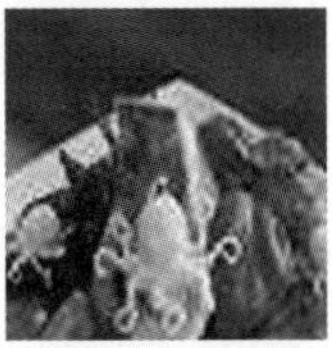
셰프젯 (Chefjet)	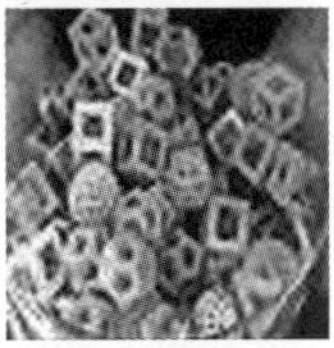		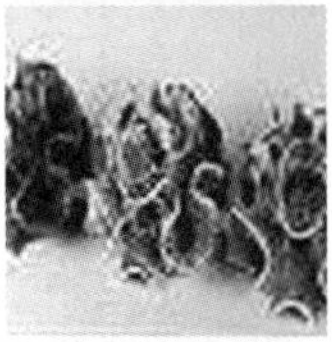
엑스와이젯 (XYZ)			
팬케이크 봇 (Pancake Bot)	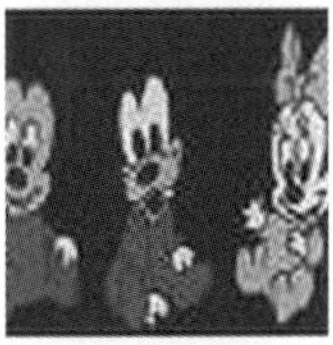		
푸디니 (Foodini)	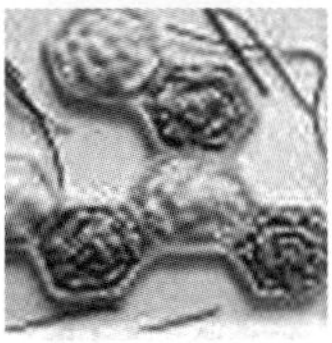		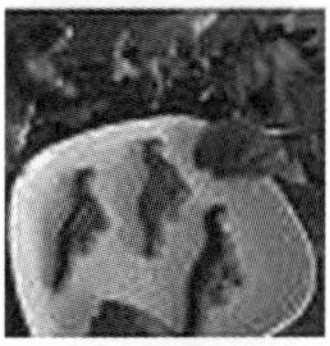
초코 크리에이터 (Choc Creator V2)			

자료: 업체별 홈페이지_재구성

국내에서 3D푸드프린터를 도입한 외식업체는 아직까지 흔하지 않다. 일반 3D프린터 역시 극소수의 개인과 일부 기업만이 사용하고 있다. 그러나 2030세대들은 많은 관심을 갖고 있다. 3D프린터를 이용한 1인 창업자도 점차 늘어나고 있다.

저자 역시 6년 전, 어느 세미나에 참석했다가 한 강연자의 말을 듣고 알게 되었다. 그 후 3D프린터 관련 자료를 수집하고 교안을 만들었다. 3D프린터 동아리 활동을 통해 관련정보를 공유하고 소품과 시제품도 만들어 보았다. 이때부터 3D프린터 시장의 잠재적 경제가치를 알게 되었다.

정보를 먼저 취득한다는 것은 새로운 사업기회와 경쟁력 선점을 의미한다. 최초의 정보는 경제적 가치가 매우 높은 것으로 알려져 있다. 대중이 아는 정보는 이미 정보로서의 가치를 상실한 것이다. 가치 있는 정보를 취득하고 선별하는 것도 창업자의 역량이다.

CHAPTER

3

얼마에 팔고 얼마가 남는 것일까

01 비중원가의 다이어트 관리

경영 수치를 읽을 수 있는 것이 우수한 비즈니스맨의 필수조건이 된다. —데쯔시 후쿠시마

"대표님, 국밥 한 그릇 6천 원은 어떻게 결정하셨나요?"

"건너편 가게에서 6천 원 하니까, 우리도 6천 원은 받아야지요."

동일한 메뉴라도 품질의 차이는 음식점별로 다를 수밖에 없다. 품질이 다름은 원가의 차이를 의미한다. 판매관리비도 다를 수밖에 없다. 최종 판매가격은 제품생산에 투입된 원가를 잘 따져본 후 결정해야 한다. 창업 후 경영을 잘했는지 못했는지는 무엇으로 평가하는 것일까. 다름 아닌 한 장의 손익계산서가 경영성과를 말해준다.

수익을 목적으로 판매하는 모든 상품에는 소비자가격이 존재한다. 판매가격의 중심에는 제품을 생산하기 위해 투하된 비용이 있다. 이것을 원가라고 한다. 경영에 있어 원가관리는 기본이자 핵심이 된다. 매출액이 증가해도 원가관리가 미흡하면 흔히 말하는 '앞

으로 남고 뒤로 밀진다.'

장기 불황으로 외식업이 어려움을 겪고 있다. 게다가 인건비와 식재료비 상승은 수익성을 악화시키고 있다. 강도 높은 경쟁 환경도 원인이 되고 있다. 따라서 창업자는 원가관리에 어느 때보다 집중해야 한다. 하지만 자영업의 제한된 자원으로 원가절감의 효과를 기대하기란 쉽지 않은 현실이다.

음식점 원가 중 가장 높은 비중을 차지하는 것이 식재료와 인건비다. 식재료는 계절과 연중 작황상태에 따라 가격의 등락폭이 불규칙하다. 제철 야채류는 비교적 안정된 가격대를 유지하지만, 제철 생산이 아닐 경우 주재료 가격을 상회하는 원가가중 상황도 발생한다. 일모작 양념류인 마늘, 고추는 기상조건과 병충해, 경작량의 영향을 가장 많이 받는다. 해마다 반복되는 널뛰기식의 가격형성이 단적인 예다.

식재료의 안정적 조달을 위해서는 공급자 선택과 관계가 중요하다. 필자가 외식사업 할 때의 사례를 보면, 음식점의 소비량에 따라 공급가격은 상이하다. 소비량이 많을수록 공급자와 가격협상력은 유리해진다. 하지만 자영업의 경우 소비량의 한계가 있으므로 업체간 네트워크(Network)를 형성해 공동구매를 한다면 안정적인 가격과 상품 조달을 유지할 수 있다.

식재료에 필요한 농축수산물의 유통정보 파악은 한국농수산식품유통공사의 농수산물유통정보(www.kamis.or.kr/061-931-1089)를 확인해 보는 방법이 있다. 외식 창업에 유용한 정보가 게재되어 있으니 참고하기 바란다. 또한 소상공인시장진흥공단(www.semas.

or.kr/1588-5302)에서 주관하는 협동조합 설립을 통해서도 식재료의 원활한 공급과 가격안정 효과를 기대할 수 있다.

〈그림 15〉 농수산물유통정보 홈페이지

자료: KAMIS 농산물 유통정보 홈페이지

한편 공급자와의 유대관계도 원가관리에 영향을 줄 수 있다. 창업자는 식재료 소비량 못지않게 대금결재 신용이 우선되어야 한다. 금전관계에 불신이 생기면 불안정공급이 발생한다. 그뿐만 아니라 구매가격도 인상되고 인상된 금액만큼 원가는 상승한다. 공급과 구매자의 관계를 넘어 감정의 교감을 나눌 수 있는 인간적 교류도 필요하다.

일반적 통칭인 인건비(노무비)는 원가비율에서 식재료비 35.7% 다음으로 비중이 크다. 한국외식산업연구원에 따르면 외식업소 평균 인건비는 매출의 23.2%에 이른다. 외식업소의 고임금 문제는 쉽게 해소될 것으로 보이지 않는다. 구직자 대부분 외식업체 취업을 기피하는 현상이 구인난의 원인이 되고 있다. 영업중단 위기에 직면한 외식업소는 고임금을 무릅쓰고 채용하게 되는 악순환의 연속에 빠질 수밖에 없다.

〈도표 7〉 외식업 매출 중 부문별 평균비중

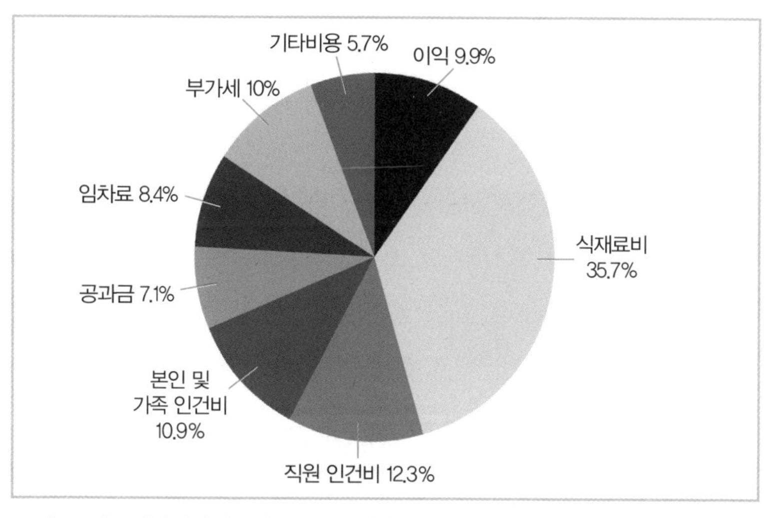

자료: 한국외식산업연구원 2014. 음식점의 비용과 이익구조 분석_재구성

고임금 배경에는 외식업 경영자의 경영철학 결여도 일부분 있다고 봐야 한다. 경영자와 직원은 노사(勞使) 관계가 아닌 사업의 동반자 관계로 인식해야 한다. 사업의 주체는 경영자이지만 운영의 조력

자는 직원이기 때문이다. 경영자의 역량이 뛰어나도 혼자의 능력으로는 사업 지속은 불가능하다.

인건비의 결정은 법정임금을 준수해야 한다. 근로기준법에 따라 1년 이상 근무 시, 퇴직급여를 지급해야 한다. 최저임금 기준에 따라 매년 인상분을 반영해야 한다. 직원의 급여설계는 공인노무사에게 의뢰하는 것이 향후 법적인 문제로부터 자유로울 수 있다. 이 또한 소상공인시장진흥공단 컨설팅 제도를 활용하면 무료 또는 저비용으로 해결이 가능하다.

직원을 채용할 때는 표준근로계약서를 반드시 체결해야 한다. 근로계약서 미체결 시 사업자에 대해 벌금을 부과하는 처벌규정이 있다.

직원을 선발할 때는 신중해야 할 요소가 있다. 친척과 지인은 절대로 채용해서는 안 된다. 우애에 금이 가고 가까운 사람을 잃는다. 능력보다는 인성을 갖춘 사람이 좋다. 너무나 따지기 좋아하는 사람은 여러 모로 피곤하게 한다. 미소를 잘 짓고 심신이 건강한 사람은 매사에 긍정적이다.

직원 한 사람을 잘 선발하면 두 사람 몫을 한다. 일머리를 빨리 파악하고 고객대응도 원만하게 해결한다. 고객만족도가 올라간다. 원가절감효과를 가져오는 것이다. 경영자는 신경을 그만큼 덜 쓰게 되니 피로감도 줄어든다. 경영효율성이 높아지는 것이다.

창업환경은 갈수록 경쟁강도가 높아지고 있다. 원가절감을 위해서는 각고의 노력이 필요하다. 체중이 늘어나면 각종 성인병이 생기듯, 원가비중이 높으면 수익성이 악화되고 안정적인 경영이 불가능해진다. 원가의 다이어트 관리가 필요한 이유다.

02 매출이 올라도 남는 게 없다

전쟁이나 천재지변과 같은 불가항력의 사태가 발생하지 않는 한 기업은 원칙적으로 흑자를 내도록 되어 있다. 기업이 도산하고 적자를 내는 것은 경영자가 기업 경영에 자신의 능력을 최대로 집중하지 않았기 때문이다. – 정주영 현대그룹회장

컨설팅을 의뢰한 업소들마다 장사할 기분이 안 난다고 한다. 더러는 매출이 올라도 남는 게 없다고 하소연한다. 창업의 목적은 영업에 따른 이윤을 창출하는 것이다. 그런데 이처럼 많은 외식업체들이 왜 이구동성(異口同聲)으로 말하는 것일까.

영업을 통해 이익을 발생시키려면 메뉴의 원가를 정확하게 파악해야 한다. 1인분의 메뉴가 고객에게 판매되기까지는 여러 단계를 경유한다. 식재료 구매를 위해 도매시장이나 대형마트에 가는데, 이때는 원재료비용과 직접경비가 발생한다. 입고 후 전처리를 하고 냉장 또는 냉동 보관하면 직접노무비와 수도광열비가 더해진다. 주문에 의해 음식이 조리되고 고객에게 제공, 판매된다. 여기에는 직접재료비, 수도광열비, 직접노무비, 일반관리비가 발생한다.

앞의 설명은 식재료가 음식으로 조리되어 최종 판매되는 일련의

과정을 축약한 것이다. 또한 메뉴상품의 원가요소가 어떻게 형성되는지도 포함하고 있다. 창업자가 집중 관리해야 할 포인트이기도 하다. 이 과정 중 어느 한 부문이라도 관리가 소홀하면 원가상승 요인이 된다.

원가가중 원인은 여러 가지 있다. 신선도가 저하된 식재료의 구매와 선입선출 관리부실에 따른 상승요인이 있다. 또 조리과정에서 계량착오와 낭비도 발생한다. 판매수요 예측이 빗나가도 원가는 상승한다. 반(半)조리 또는 완(完)조리된 미판매분의 변질로 인한 상승요인도 있다. 메뉴 종류의 수에 따라서도 영향을 준다. 극히 일부에 국한되긴 하지만 주방직원의 식재료 절취도 있을 수 있다.

외식업 원가발생 요소는 대략 〈그림 16〉과 같다.

〈그림 16〉 외식업 원가발생 요소

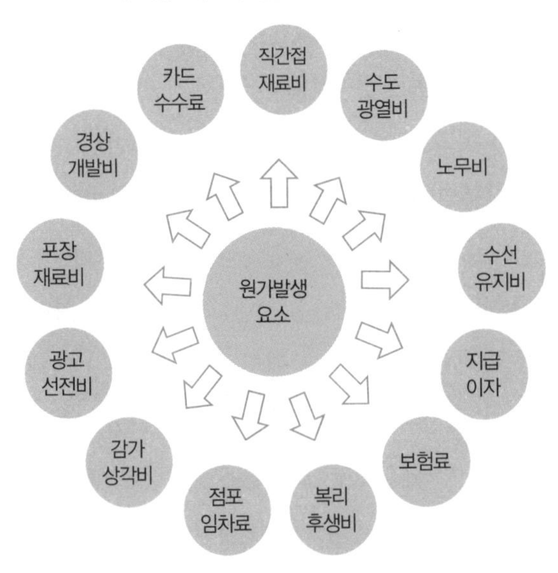

창업경영자가 원가관리 능력을 제고하려면 숫자와 친해져야 한다. 놀이하듯 즐겨야 한다. 다른 방법은 없다. 경영을 잘하고 못하고는 원가라는 숫자와 얼마나 친하게 지내느냐의 차이다. 숫자를 떠나서는 경영은 존재할 수 없다. 과거에는 리더십이 강한 사람이 기업의 최고경영자였다. 하지만 IMF사태를 경험하면서 숫자에 능통한 회계전문가가 경영자로서 능력을 인정받고 있다. 경영은 숫자로 시작하고 숫자로 평가받는다.

소상공인은 원가관리에 취약할 수밖에 없다. 전문적인 학습을 하지 않았기 때문이다. 그렇다고 기업의 원가회계를 배운다는 것도 녹록치 않다. 자영업의 특성상 무리가 있다. 적합성 문제가 따르기도 한다. 난해한 원가관리를 쉽게 해결할 수 있는 프로그램이 있다. '간편장부'라는 이름의 소상공인 관리회계 프로그램이 해결사 역할을 해준다. 원가관리뿐 아니라 경영분석은 물론 세무사 몫까지 알아서 척척 한다. 매뉴얼을 따라하면 누구나 할 수 있다.

간편장부는 원료수불관리, 급여관리, 세무신고 등의 기능을 할 수 있어 소상공인 경영관리에 효율성이 높다. 프로그램 사용료는 장부별로 구분되며 추가선택에 따라 별도의 요금이 발생한다. 업체에 따라 사용요금이 상이하며, 1개월간 무료사용 후 구매 가능하다.

〈표 11〉 간편장부 전산프로그램(S/W) 업체

	업체명	홈페이지
1	(주) 세경A&T	www.tamo.co.kr
2	(주)스피드정보기술	www.semuclub.com
3	유세븐	www.u7tax.com
4	키컴	www.kicom.co.kr
5	이지데이	acc.ezday.co.kr
6	미래로21	www.mirero21.com
7	택스타운	www.taxtown.co.kr
8	예셈	yesem.com
9	비즈소프트	www.bizprogram.co.kr
10	(주) 아이퀘스트	www.iquest.co.kr
11	아모넷주식회사	www.kyungli.com
12	바움기술주식회사	www.간편장부.kr
13	한국정보통신(주)	www.easyshop.co.kr

자료: 국세청 홈페이지

간편장부 프로그램을 사용하면 세무비용을 절감할 수 있다. 세무대리인 역할을 해주기 때문이다. 부가세, 종합소득세를 원 클릭(One-Click)으로 해결해 준다. 경영수지 내용을 수집하고 분류한다.

외식업의 경우 간편장부 대상자는 '당해 연도 신규 사업을 개시한 사업자 또는 직전연도 수입금액이 연매출 1억5천만 원 미만인 사업자'에 해당된다. 그 이상은 복식부기 의무를 부여하고 있다. 이를 위반할 경우 산출세액의 20%를 무기장가산세로 추징당하는 불이익이 따르게 된다.

원가절감은 장부기록관리만 잘 해준다면 기대 이상의 효과를 볼 수 있다. 경영은 숫자와의 싸움이기 때문이다. 필자의 지인 중 중소기업 회계전문가 출신 외식업체 대표가 있었다. 그의 말대로 음식조리에 대한 지식은 전무했으나, 회계분야만큼은 정통했다. 그런 그가 음식점 창업을 한다고 했을 때 적잖은 걱정을 했다.

하지만 얼마 지나지 않아 기우에 불과했음을 알아챘다. 그는 회계의 전문성을 바탕으로 경영분석에 따른 관리를 잘해 냄으로써 치열한 경쟁 환경에도 승승장구 했다. 숫자에 능통했기 때문이었다.

03 원가관리는 경영의 노른자위

측정되지 않은 것은 관리되지 않는다. - 피터 드러커

호텔신라에 처음 입사했을 당시, 선배요리사들이 조리과정 틈틈이 무언가 열심히 메모하는 것을 본 적이 있다. 한두 번이 아니고 매일 반복하였다. 궁금해서 물어보았다. 정확한 원가계산을 하기 위한 지침이라는 것이었다. 메뉴별 식재료의 중량, 조리시간, 가스사용량 등 메모의 내용은 다양했다.

외식업 원가계산을 위한 기초자료는 조리실에서 비롯된다. 원가의 중심이기 때문이다. 메뉴원가에 오류가 발생하면 판매가격에 영향을 준다. 메뉴의 원가계산이 중요한 이유다. 원가의 비중 또한 가장 큰 부문이다. 메뉴원가 산출과 효율적인 식재료 관리를 위해서는 표준화가 전제되어야 한다. 식재료의 표준구매, 표준분량, 표준조리법, 표준산출량 등이 있다. 호텔에서는 표준화를 전 부문에 걸쳐 시행하고 있다. 표준화는 원가절감의 목적을 효과적으로 달성할 수 있으며 업무능률, 고객만족도, 수익률 제고에 공헌한다.

식재료의 표준구매란 모든 식자재의 품질과 수량, 중량 등의 규격화를 말한다. 표준구매에 의한 식재료는 재고관리의 효율성이 좋으며 낭비요소를 차단할 수 있다. 표준분량 또한 메뉴조리에 필요한 수요산출이 가능하다. 표준조리법은 앞에서 밝혔듯이, 조리자가 바뀌어도 품질은 불변한다. 품질의 표준화는 식재료의 절감과 고객만족도를 높여준다. 표준산출량이란 생산량의 표준을 뜻한다. 언제든지 누가 조리해도 동일한 양을 산출할 수 있다. 원가관리를 위한 최적의 방법은 표준화인 것이다.

메뉴의 판매가격 결정을 위해서는 메뉴별 재료비를 산출해야 한다. 한식업종은 반찬재료비 계산을 해야 한다. 식재료 사용량, 개별가격을 누락 없이 기록해야 총원가 산출이 가능하다. 재료비 값을 산출한 후 직·간접식재료의 값을 산출한 후 경비와 노무비(직원급여), 판매·관리비(〈표 12〉메뉴제조원가명세서 참조)를 배분한 다음, 목표이익과 부가가치세를 더하면 메뉴제조의 총원가를 산출할 수 있다. 계산식은 다음과 같다.

직·간접식재료비 + 경비·노무비 + 판매·일반관리비 + 목표이익 + 부가가치세 = 판매가격

〈그림 17〉 원가의 구성

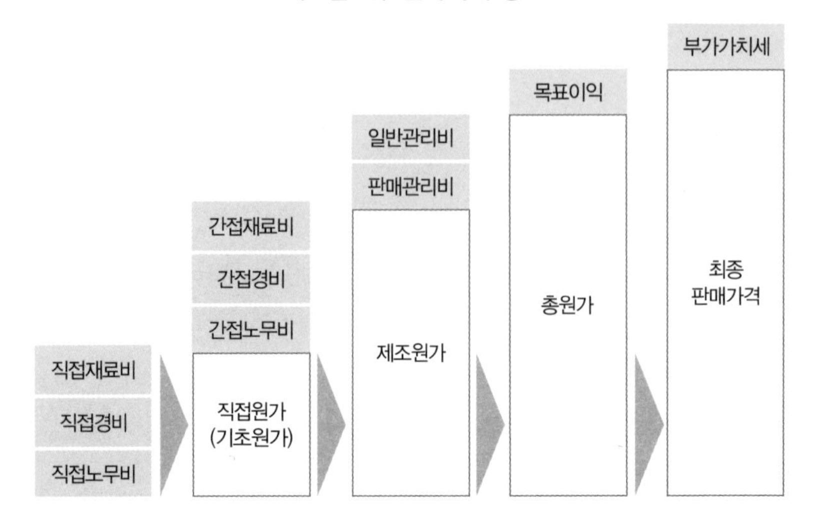

총원가 중 식재료비 35%, 노무비(직원급료) 25%, 임차료 6%, 비율로 구성하는 것이 수익창출의 가장 바람직한 모델이다. 하지만 물가상승률을 감안할 때, 쉽지 않은 원가설계의 딜레마(Dilemma)에 봉착할 수 있다. 필자의 경험으로 미루어보면 불황속 창업은 소박하게 시작하는 것이 안전할 수 있다. 창업자금은 80% 이상을 자기자금으로 하되 투자비용을 최소화해야 한다. 대형보다는 소, 중형 점포가 일반관리비 지출이 적어 수익창출이 유리하다.

〈표 12〉 메뉴제조원가명세서

메뉴제조원가명세서 (단위 : 원)					
비목		구분	금액(원)	구성비(%)	비고
제조원가	재료비	직접재료비			
		간접재료비			
		소 계			
	노무비	직접급여			
		일용급여			
		소 계			
	판매비 및 일반관리비	퇴직급여 복리후생비 여비교통비 점포임차료 통신비 수도광열비 카드수수료 음식물처리비 보험료 감가상각비 수선비 상가관리비 접대비 광고선전비 소모품비 리스료 차량유지비 교육훈련비 경상개발비			
		소 계			
직 · 간접재료비 (　)%					
경비·노 무 비 (　)%					
판매 · 관리비 (　)%					
목 표 이 익 (　)%					
총원가					

사업개시 전 예정원가 산출은 영업 후 실제원가와 차이가 있다. 매출이 발생하지 않았기 때문이다. 따라서 판매관리비 중 고정비를 제외한 변동비 항목은 영업전 예정원가와 차이가 날 수밖에 없다. 창업자는 실제 발생하는 매출액과 일반관리비 부문의 변동비 추이를 분석하여 원가를 재설정할 필요가 있다.

원가를 절감하기 위해서는 식재료관리에 역점을 기울여야 한다. 매출이 늘어나는 것도 중요하지만 관리부실로 발생하는 손실을 방지해야 한다. 식재료관리 소홀로 손실률이 누적되면 '겉으로 남고 속으로 밑진다'는 말처럼 된다. 손실발생 요인은 식재료의 품질저하, 조리과정의 폐기, 선입선출법미준수, 유통기간초과 등이다. 이중 손실률이 가장 높은 요인은 선입선출법미준수다. 선입선출에 의한 관리가 잘 이루어진다면 유통기간 초과나 식재료 품질저하는 방지할 수 있다.

선입선출관리가 생각처럼 쉽지만은 않다. 창업초기 단기간은 잘 유지하지만, 얼마 못 가 관리가 소홀해지기 일쑤다. 관리부실에 의한 식재료의 손실을 차단하려면 재료의 입고량과 사용량, 현재고량을 일목요연하게 파악할 수 있는 관리대장이 있어야 한다.

〈표 13〉은 필자가 식품제조업을 할 때 사용한 '원재료수불관리대장'이다. 원재료의 선입선출을 관리하기 위해 만든 이 장부는 외식업체의 식재료를 손실 없이 관리하는 데도 효과적일 것이다. 원재료의 입고부터 현재고량을 한 눈에 알 수 있어 식재료 원가절감에 도움 될 것으로 믿는다.

〈표 13〉 원재료수불관리대장

원재료수불관리대장					
원재료명			단위(Kg)	구입처	
사용일	전일재고	당일입고	당일사용	현재고량	비 고

원재료수불관리대장은 식재료별, 엑셀 워크시트로 만들어 사용하면 간편하다.

04 손익분기점은 수익창출 시점이다

경영에서 가장 중요한 것은 균형 감각이다. 판매, 경리, 총무, 생산, 기술, 연구, 구매, 관리 등 회사의 각 기능이 균형 있게 상호 연동되어 움직이면 총체적인 힘도 커지게 마련이다.
– 고바야시 마사히로

"대표님, 요즘 영업은 좀 어떠세요?"
"손익분기점은 넘었는데 남지를 않네요."

외식업체 대표의 말을 듣고 경영분석을 해보면, 손익분기점에 미달하는 매출이 나온다. 그러니까 이익이 발생하지 않을 수밖에 없다. 컨설팅 현장에서 느끼는 것은 대부분 외식업체 경영자들이 손익분기점에 대한 적확한 이해를 못하고 있다는 것이다.

손익분기점(損益分岐點)의 사전적 의미를 보면, '損: 손해를 보다' '益: 이롭다', '分: 나누어지다', '岐: 갈림 길', '點: 작고 둥글게 찍은 표'라는 뜻이다. 영문으로는 Break-even point로 표현된다. 손익분기점이란, 일정기간의 매출액이 해당기간 비용총액과 일치하는 점을 말한다. 손해도 이익도 아닌 상태를 의미하며, 손익분기점을 통과한 이후에 이익이 창출된다.

창업자는 사업개시 전, 얼마만큼의 매출을 발생시켜야 점포를 운영할 수 있는지 손익분기점 매출을 산출해야 한다. 손익분기점 매출을 알아내기 위해서는 원가분석이 필요하다. 원가분석이 준비되지 않은 상태에서는 손익분기점 매출계산은 불가능하다.

원가분석을 한 후 변동비와 고정비로 구분한다. 비용을 구분하지 않을 경우 손익분기점 매출계산 시 오류가 발생한다. 변동비라 함은 매출증감에 따라 변동하는 비용을 일컫는다. 반면 고정비는 영업과 무관하게 매월 일정한 금액으로 지출되는 비용을 말한다.

〈그림 18〉 변동비 고정비 항목

일반적인 외식업 원가항목은 대략 〈그림 18〉과 같다. 예시항목 전체를 적용하라는 것은 아니다. 점포에서 발생한 비용에 한해 계상하면 된다. 또한 추가항목 비용이 발생하면 그대로 적용하면 된다. 주의할 점은 변동비와 고정비의 명확한 구분이다. 재삼 강조하지만 원가항목의 구분이 불분명하면 손익분기점 매출은 비정상으로 산출된다.

원가분석 다음으로 월간매출액이 있어야 한다. 매출이 없으면 손익분기점 매출을 산출할 수 없기 때문이다. 신규창업의 경우는 사업개시 이전이므로 예상매출을 추정해야 한다. 추정매출은 다음과 같은 방법으로 구할 수 있다.

창업자 점포의 메뉴평균가격을 계산한다. 객단가인 셈이다. 어떤 메뉴가 많이 판매될지 알 수 없으므로 평균값으로 한다. 단일메뉴는 무관하다. 테이블수를 파악하고, 예상회전율을 추정한다. 회전율은 테이블이 만석일 경우 1회전으로 한다. 회전율을 추정할 때는 상권을 고려해야 한다. A급 상권은 점심시간에도 2회전이 어렵지 않지만, B급 상권만 해도 쉽지는 않다. 하지만 예외는 있다. 영업수완에 따라서는 C급 상권에서도 회전율을 높일 수 있다. 마지막으로 영업일수를 곱한다. 산출식은 다음과 같다.

메뉴평균가격 × 테이블 수 × 회전율 × 월 영업일수 = 예상매출액

매출추정은 예상치이므로 개업 후 실제매출을 적용해야 한다. 예상매출을 추정해냈으면 아래와 같은 계산식으로 손익분기점매출을 산출하면 된다.

손익분기점매출 계산식 : 고정비 / (1–변동비 / 매출액) = 손익분기점매출액

손익분기점은 손해도 이익도 아닌 상태다. 강조하는 이유가 있다. 창업 후 3년 이내에 폐업하는 업체의 공통점은 손익분기점을 넘지 못한다는 사실이다. 영업이익이 창출되지 않는 상태에서 경영을 하다보면 사채나 대출금에 의존하고, 결국은 원리금 상환이 불가능해져 점포를 양도하게 된다.

창업 초기에는 역량을 총동원하여 손익분기점에 도달할 수 있도록 전력투구해야 한다. 운영자금의 여유가 있다면 다행이지만, 그렇다고 안심하거나 여유를 가져서는 안 된다. 영업은 어려워지기 시작하면 급속도로 악화된다. 가용자금을 동원할 수 없을 경우 사업개시 후 3개월 내에 손익분기점에 도달해야 한다. 소자본 외식창업은 3개월이 넘도록 손익분기점에 못 미치면 경영의 악순환이 반복된다.

어떤 사람은 손익분기점 최종 도달 시기를 6개월로 말하는 경우가 있다. 하지만 현상유지가 안 되는 상황에서 6개월은 6년의 세월 같은 인고의 시간이다. 상황이 이쯤 되면 창업자는 초지일관이 꺾이고 열정과 의욕이 동력을 상실하게 된다. 사업개시 후 손익분기점 도달은 창업의 성패가 좌우되는 분기점인 것이다. 손익분기점을 통과해야 비로소 이익이 창출되고 경영안정을 이룰 수 있다는 냉엄한 현실임을 창업자는 염두에 두어야 한다.

독자들의 이해를 돕기 위하여 〈도표 8〉 손익분기점 그래프를 제

시하였다.

이를테면 매월 고정비 1천5백만 원을 지출하는 음식점이 있다면, 이 업체는 얼마의 매출을 발생시켜야 손익분기점에 도달할 수 있을까?

편의상 고객단가 1만5천 원이라고 가정할 경우, 월 2천 개의 메뉴 상품을 판매해야 안전 한계선인 손익분기점에 도달할 수 있다. 따라서 이 업체의 손익분기점 매출은 〈도표 8〉에서 보는 바와 같이 3천만 원이 된다. 손익분기점을 통과했더라도 영업 상태에 따라 비용요인의 변수에 의해 안전 한계선을 위협할 수 있다는 사실을 인식하기 바란다.

〈도표 8〉 손익분기점 그래프

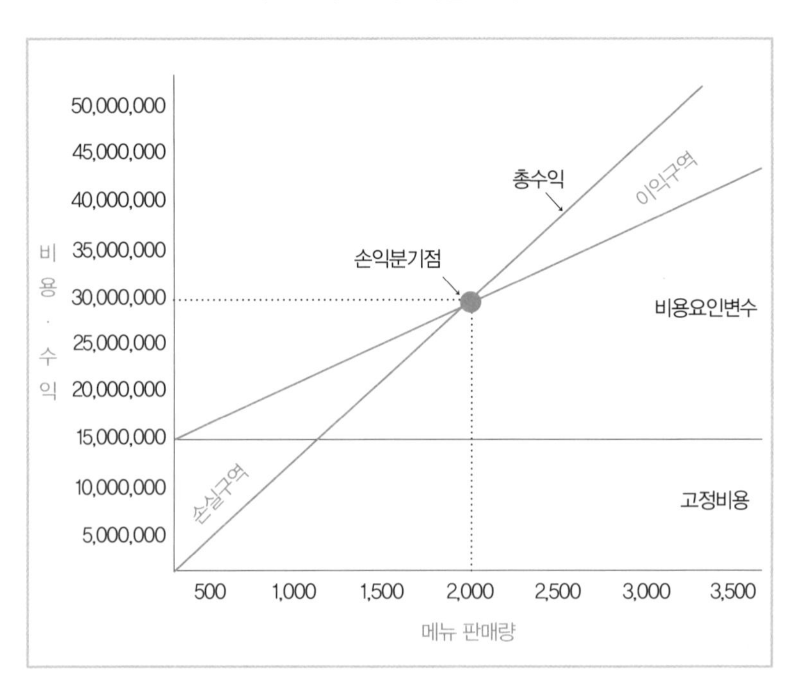

창업자가 손익분기점 분석을 할 줄 안다는 것은 중요한 의미를 지닌다. 관리회계 능력소유자와 그 반대의 경우는 경영관리의 차이가 현저하게 나타난다. 그뿐만 아니라 경쟁력과 성장잠재력을 지닌다. 창업 경영자는 근면성 못지않게 원가분석과 영업에 따른 이익이 실현되는 시점을 명확하게 파악할 줄 알아야 한다.

05

식당경영진단서 손익계산

들어올 돈을 계산한 후 나갈 돈을 통제하는 것이 기업 경영의 대원칙이다. – 고바야시 마사히로

건강한 신체 유지를 위해서는 올바른 식습관과 꾸준한 운동이 필요하다. 그리고 건강검진을 해야 자신의 몸 상태를 명확하게 알 수 있다. 사업도 마찬가지다. 영업활동을 열심히 했어도 경영진단을 하지 않으면 사업실태를 파악할 수 없다.

손익계산은 사업장의 경영상태를 알기 위한 회계업무에 해당된다. 일정기간 발생한 비용과 수익을 분석하여 손익여부를 밝혀내는 손익계산서이자 경영성과 보고서이기도 하다. 따라서 손익계산서는 영업기간 발생한 손익관계를 사실에 근거하여 보여준다. 사업체 건전성 여부는 손익계산서 한 장으로 대변된다.

손익계산서의 유무는 업체평판에도 영향을 준다. 경영자는 사업을 영위하는 한 금융권과 불가분 관계에 있다. 경영안정자금이나 정부 또는 지방자치단체의 지원금을 대출받고자 할 때는 손익계산서의 역할이 크다. 대출심사 시 손익계산서에 국한된 건 아니지만, 재무제표 영역에 손익계산서가 포함된다. 특히 사업체 대출심사에는 재무제표 첨부가 필수항목이란 점을 밝혀둔다. 재무제표의 완성은 손익계산서가 첨부될 때 끝난다.

대기업의 경우 손익계산서는 주주총회 시 작성 제출하는 것을 법령으로 규정하고 있다. 하지만 자영업은 '간편장부' 작성만으로 해결할 수 있는 편리성이 있다. 간편장부의 원만한 사용을 위해서는 원료수불관리, 원가관리, 손익계산이 선행되어야 가능해진다.

손익계산서 작성을 위해서는 비용과 수익을 누락 없이 기록해야 한다. 매일 발생하는 현금 이동의 기록을 의무화해야 한다. 수입과 지출의 기록 시 주의할 점은 반드시 발생시점에서 적어야 한다. 그렇지 않을 경우 실제금액과 착오가 생길 수 있다. 경영은 숫자로 시작해서 숫자로 끝난다고 했다. 숫자를 경영에서 제거한다면 사업의 연속성은 존재할 수 없다. 숫자는 그만큼 경영활동에서 핵심적 역할을 한다.

이제부터 손익계산서 작성을 직접 해보자. 다음에 제시하는 〈표 15〉 손익계산서와 〈표 16〉 포괄손익계산서는 자영외식업 경영자가 손쉽게 사용할 수 있도록 수정 보완하였음을 밝혀둔다. 과목별 세부 내용은 〈표 15, 16〉을 참고하기 바란다.

작성에 앞서 〈표 14〉 현금출납장을 살펴보고 가는 게 좋을 것 같다. 손익계산서 작성을 위해서는 현금출납장이 반드시 전제되어야 하기 때문이다. 출납장 내용을 보면 간편하게 작성할 수 있음을 알 수 있다. 수입과 지출의 성격에 따라 계정과목별로 금액 표시만 해주면 된다. 이를 월말 손익계산서의 해당되는 과목에 총액을 옮겨 적으면 손익계산서 작성은 완성된다. 단, 구성비 난에 매출대비 항목별 비율을 기록해야 한다. 비용별 구성비는 원가분석의 기준이 되기 때문이다. 비율산식은 비용을 매출로 나눠주면 된다.

영업기간 중 현금출납장 기록을 누락 없이 잘 해 준다면 손익계산서 작성은 누구나 손쉽게 할 수 있다.

현금출납장, 손익계산서, 포괄손익계산서 등은 '엑셀 워크시트'로 사용하면 업무능률을 높여준다.

〈표 14〉 현금출납장

2018년 01월 현금출납장						
업체명 : 맛있는 가게						(단위 : 원)
월/일	계정과목	적 요	수입액	지출액	잔액	비 고
01.01	매출액		XXX			카드 · 현금
01.02	직접재료비	쇠고기등심 1,000g		XXX		현금
01.03	일반관리비	점포임차료		XXX		계좌
01.04	판매관리비	메뉴시식		XXX		현금
01.05	영업외비용	대출금이자		XXX		계좌
수입 · 지출 총액			₩	₩	₩	

〈표 15〉 손익계산서

01월분 손익계산서 (단위 : 원)			
업체명	맛있는 가게	영업기간	2018. 01.01.부터 ~ 2018. 01.31.까지
계정과목	금액	구성비(%)	비 고
Ⅰ.매출액			월초부터 월말까지의 매출총액
Ⅱ. 매출원가			매출발생을 위해 소비한 직간접 식재료비 총액
1.직접재료비			음식조리에 직접소비 된 식재료
①기초재고액			
②당기매입액			
③기말재고액			① + ② – ③
2.간접재료비			후식제공 커피, 포장재료 등
①기초재고액			
②당기매입액			
③기말재고액			① + ② – ③
Ⅲ.매출총이익(Ⅰ–Ⅱ)			매출총액에서 매출원가를 차감
Ⅳ.판매비와 일반관리비			메뉴상품 판매 및 점포관리에 지출된 비용총액
1.직접급여			법정시간 근로자의 임금 (수당·상여금·물품)
2.일용급여			시간제근무자 급여
3.퇴직급여			법정시간 근로자의 퇴직급여 적립금
4.복리후생비			유니폼, 식비, 회식비, 다과비, 상비의약품, 4대 보험료, 축·조의금
5.여비교통비			전시회참가, 맛집 탐방 등
6.점포임차료			
7.통신비			점포 내 전화 및 인터넷사용료
8.수도광열비			전기, 수도, 가스사용료
9.카드수수료			카드결제처리에 대한 요금
10.음식물처리비			월간 발생하는 잔반처리비용
11.보험료			화제보험, 배상책임손해보험

12.감가상각비			집기, 시설비용 등을 60개월로 나눈 금액
13.수선비			주방설비, 냉난방시설, 간판
14.상가관리비			유 · 무에 따라 계상
15.접대비			영업 관련 접대
16.광고선전비			명함, 스티커, 홍보용 전단, 현수막
17.소모품비			물티슈, 냅킨, 수저집, 전산용지, 화장실용품
18.리스료			정수기, 포스 및 카드결제 단말기
19.차량유지비			연료비, 수선비, 보험료, 범칙금
20.교육훈련비			경영관련 교육
21.경상개발비			메뉴개발 · 신기술의 연구개발 활동비
22.영업손실금			폐기식재료, 기물파손, 과태료, 영업정지
V.영업이익(III－IV)			매출총이익에서 판매비와 관리비를 차감
VI.영업외비용			영업과 관련 없이 지출된 비용
1.이자비용			매월발생 지급이자
2.기부금			자선사업, 동문, 정치, 종교, 사회봉사시설
3.재해손실			태풍, 홍수, 화재 등으로 인한 피해비용
VII.당월순손익(V－VI)			영업이익에서 영업외비용을 차감한 당월손실 or 이익

손익계산서는 경영상 유의미한 내용을 담고 있다. 매출액과 순이익의 증감관계뿐만 아니라 사업실태 전반을 아우르고 있다. 어느 부문을 개선하고 유지해야 할지 일목요연하게 보여준다. 손익계산서 계정과목별 수치를 그래프 〈그림 19〉로 전환하면 더 한층 현장감을 느낄 수 있다. 그래프를 보면 어느 부문의 원가를 개선해야 수익률이 올라갈 수 있는지 한눈에 들어온다. 수치의 현장감은 경영의사 결정을 신속하게 이끌어 낸다. 경영의사 결정의 지연과 신속함은 기회와 위험의 분수령이 될 수 있다. 손익계산서 작성 시점은 매월 말

일을 원칙으로 해야 한다. 월말 정산을 제때에 하지 않으면 익월 영업계획에 차질이 생긴다. 당월 손익계산서를 분석하여 매출의 증감 원인과 손익의 관계를 명확하게 밝혀내야 한다. 어느 부문에서 손익이 발생했는지, 매출대비 수익과 비용은 적정한지를 찾아내야 한다. 문제를 발견했다면 개선방안을 모색해야 한다.

〈그림 19〉 손익계산서 비율분석

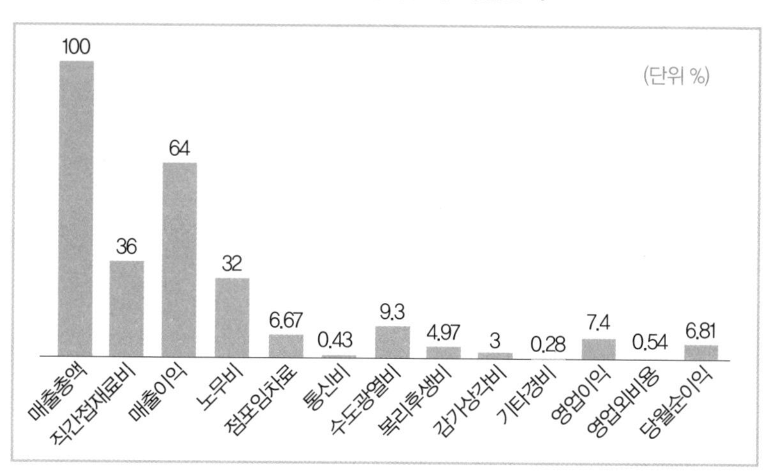

한 해 동안 손익계산서 작성을 했다면, 연말에는 1년간의 영업실적을 결산해야 한다. 연말결산에 사용하는 손익계산서는 '포괄손익계산서'라 부른다. 당해 연도와 직전연도의 손익관계를 모두 포함하기 때문이다. 포괄손익계산서 작성은 어렵지 않다. 연말결산 자료를 그대로 이기하면 된다. 포괄손익계산서를 통해 당기와 전기의 경영성과를 비교분석함으로서 사업실태를 면밀하게 파악할 수 있다. 이를 기반으로 하면 중장기 영업전략 및 사업계획을 수립하는 데도 효과적이다.

〈표 16〉 포괄손익계산서

포괄손익계산서

제2(당)기 2018년 01월 1일부터 2018년 12월 31일까지
제1(전)기 2017년 01월 1일부터 2017년 12월 31일까지

업 체 명 : 맛있는 가게 (단위 : 원)

계정과목	제2(당)기		제1(전)기	
	금 액		금 액	
Ⅰ. 매 출 액		XXX		XXX
상품매출	XXX		XXX	
기타매출	XXX		XXX	
Ⅱ. 매 출 원 가		XXX		XXX
1.직접재료비				
①기초재고액	XXX		XXX	
②당기매입액	XXX		XXX	
③기말재고액	XXX		XXX	
2.간접재료비				
①기초재고액	XXX		XXX	
②당기매입액	XXX		XXX	
③기말재고액	XXX		XXX	
Ⅲ. 매출총이익		XXX		XXX
Ⅳ. 판매비 및 일반관리비				
직접급여	XXX		XXX	
일용급여	XXX		XXX	
퇴직급여	XXX		XXX	
복리후생비	XXX		XXX	
여비교통비	XXX		XXX	
점포임차료	XXX		XXX	
통신비	XXX		XXX	
수도광열비	XXX		XXX	
카드수수료	XXX		XXX	
음식물처리비	XXX		XXX	
보험료	XXX		XXX	
감가상각비	XXX		XXX	
수선비	XXX		XXX	
상가관리비	XXX		XXX	
접대비	XXX		XXX	

광고선전비	XXX		XXX	
소모품비	XXX		XXX	
리스료	XXX		XXX	
차량유지비	XXX		XXX	
교육훈련비	XXX		XXX	
경상개발비	XXX		XXX	
영업손실금	XXX		XXX	
V. 영업이익		XXX		XXX
VI. 영업외비용		XXX		XXX
이자비용	XXX		XXX	
기부금	XXX		XXX	
재해손실	XXX		XXX	
VII.소득세차감전순이익(손실)		XXX		XXX

손익계산서는 경영의사 결정에 유효한 정보를 제공한다. 과거와 현재의 경영상태를 비교·분석할 수 있다. 영업상태가 침체기인지 성장세인지 적확한 수치를 통해 알 수 있으며, 현금유입과 유출의 파악이 용이하다. 유동성 위기를 예측하거나 방지하고 자금조달 시기와 부채상환능력을 판단할 수도 있다. 손익계산서 작성에 따른 가장 큰 장점은 합리적 경영의사 결정이 가능하다는 것이다. 주먹구구식이 아닌 과학적인 경영을 할 수 있다.

CHAPTER

4

음식 대신 가치를 팔아라

◇◇◇◇◇◇◇◇

01 기본법칙에 충실하자

미소 짓지 않으려거든 가게 문을 열지 말라. – 유태인 속담

한 집 건너 음식점이 있는 공급과잉 시대. 수요보다 공급이 초과하고 있다. 공급보다 수요가 넘쳤던 시절, 식당 문을 열어놓으면 고객이 찾아오던 넉넉한 풍경을 지금은 좀처럼 보기 드물게 되었다. 사정이 이렇다 보니 영업활성화를 위한 온갖 마케팅수단이 홍수를 이루고 있다.

한 때 대기업 전유물이나 다름없던 마케팅전략은 이제 업종과 규모를 불문하고 유일한 판매수단으로 자리매김 하였다. 특히 마케팅 활동은 인터넷 발달과 스마트폰의 등장으로 그야말로 '21세기 마케팅 르네상스' 시대를 맞고 있다.

마케팅 활동이 활발한 만큼 유형도 다양해졌다. 제각각 특성과 장점을 내세우며 무려 70여 개의 마케팅방법론이 시장을 후끈하게 달

구어 놓고 있다. 효과를 일일이 검증할 수는 없지만, 필자는 우선 기본에 충실하라고 권하고 싶다. 기본이 부실하면 경영전반이 위험에 처한다. 외식업의 기본은 메뉴품질과 서비스, 가격, 점포매력 등이다. 기본은 외식업 마케팅의 핵심요소가 된다. 외식업 마케팅은 어느 한 부문에 국한되지 않는다. 보고, 듣고, 느끼는 모든 것이 마케팅 범주에 해당된다. 때문에 어느 것 하나라도 소홀해서는 안 된다.

메뉴품질

먼저 품질을 결정하는 최우선 구성 요소로 조리능력이 확보되어야 한다. 고급 식재료를 준비했어도 조리자의 역량이 미흡하면 만족한 결과물을 기대할 수 없다. 둘째로는 주방환경이 위생적이어야 한다. 좋은 설비를 완비해도 비위생적이라면 고객의 건강을 위협할 수도 있다. 셋째는 식재료의 신선함이다. 실력이 뛰어난 셰프(Chef)도 신선도가 떨어지는 재료를 사용해 맛을 내는 것은 불가능한 일이다. 식재료의 신선함을 생명처럼 여겨야 하고 표준조리법을 준수해야 한다. 표준조리법의 강점은 한결같은 맛을 유지할 수 있다는 것이다.

메뉴품질의 최종 결정은 그릇 담음에서 완성된다. 고객은 시각적 효과에서 식전의 맛을 결정하는 경향이 강하다. "보기 좋은 떡이 먹기도 좋다"는 속담도 있다. 메뉴에 따라 그릇의 종류를 달리해야 한다. 음식의 온도는 품질에 영향을 준다. 메뉴의 적정온도를 유지하는 것도 조리기술에 해당된다. 조리된 음식을 고객에게 서비스하는 것도 중요하다. 처음 방문하는 고객에게는 섭취방법은 물론 영양적 가치와 기능성까지 설명해줄 때 메뉴의 품질은 한층 높아진다. 메뉴보드의 음식 이미지와 고객에게 제공하는 메뉴는 동일해야 한다. 조명, 음악, 향기 등도 메뉴 품질을 높여주는 효과에 한몫한다.

서비스

음식 맛은 좋은 편인데 서비스는 미흡한 음식점이 있다. 심한 경우는 불쾌감을 주는 곳도 더러 있다. 음식 맛에 자신 있으니 성공할 수 있다고 확신한다면 대단한 착각이다. 수요가 공급을 초과하던 시절이라면 가능한 얘기다. 자고나면 생겨날 정도로 무수히 많은 점포가 음식점이다. 장기불황이라고 하지만 과거보다 생활수준이 향상되었고 소비자들의 의식수준도 몰라보게 높아졌다. 똑똑한 소비자들인 것이다. 가치지향적인 소비를 하는 그들에게 맛으로만 승부를 한다는 것은 요행을 바라는 것과 다름없다.

외식사업은 서비스업종이다. 서비스를 등한시해서는 결코 성공할 수 없다. 서비스는 진실성을 가질 때 감동을 줄 수 있다. 2장에서 밝혔듯이 서비스 마인드(Service mind)는 인성에서 기인한다. 인성이 바르지 않으면 고객서비스에 결함이 발생할 수 있다. 불만을 느낀 고객은 돌아오지 않는다. 아쉽게도 대부분의 고객은 불만을 얘기하지 않는다. 왜 그럴까. 이 집이 아니라도 다른 집이 얼마든지 있으니까 굳이 말할 필요성을 느끼지 않는 것이다. 괜스레 불만을 표출하다 자칫 언쟁이 될 것 같아 그냥 발길을 돌리고 만다. 만일 불만을 토로하는 고객이 있다면 감사해야 할 일이다.

〈표 17〉은 서비스 품질의 핵심요소와 차원을 잘 설명하고 있다.

〈표 17〉 서비스 품질 핵심요소 및 차원

핵 심 요 소	서비스 품질 차원
신뢰성	성과와 믿음의 일관성
대응성	서비스 제공에 대한 의욕과 준비성
능력	서비스 수행에 필요한 기능과 지식의 보유
친절	서비스 담당 직원의 친밀성
신용도	서비스 제공자의 진실성과 정직, 고객에 대한 자세
안전성	서비스 제공에 대한 위험이나 의문에 대한 방어
의사소통	고객이 이해할 수 있는 정보의 제공과 고객의사의 경청
고객의 이해 및 인지	고객의 요구에 대해 이해하려는 자세
접근 용이성	서비스 접근 가능성과 접촉 용이성
유형성	서비스 제공에 대한 외형적 모습

자료: 한국표준협회

가격

메뉴의 판매가격은 소비자가 수용할 수 있는 수준이어야 한다. 원가분석을 근거로 하되 적정한 이윤을 남겨야 한다. 외식업 평균이익률 9.9%(한국외식신문 2016.01.25.)보다는 높은 15~20% 간격쯤에서 결정되어야 지속사업이 가능해진다. 가격할인 행사는 실행하지 않는 것이 좋다. 한시적 고객유인은 가능할지 모르나 본래가격으로 환원되면 고객은 썰물처럼 빠져나간다. 브랜드 이미지에 흠집만 생긴다. 가격할인 행사는 사업개시를 홍보하는 차원이나 개업기념, 특별한 기념일에 일시적으로 실행하는 판매촉진의 한 방법이다. 여러 업체들의 가격할인 행사를 지켜보았지만 좋은 결과를 본적은 단 한 번도 없다.

가격할인 대신 가격전략을 구사하는 방법이 바람직한 경영이다. 대기업은 다양한 가격전략으로 영업상황에 따라 시행한다. 고객은 구매욕구에 이끌려 상품을 취득하고 회사는 이익을 꾀한다. 가격전략은 여러 방법이 있으나, 그 중 몇 가지를 제시하면 다음과 같다.

1) 매출 향상을 위한 가격전략

장기적인 이익을 염두에 둔 가격전략이다. 최소 이윤으로 단기이익이 미미함에 따라 판매량을 증가시켜 원가율을 낮추어야 한다. 매출이 증가하면 고정비율은 감소한다. 생산성 제고에 따른 효과 때문이다. 관건은 상권 내 점유율을 극대화하는 것이다. 단 메뉴품질과 서비스 수준은 불변해야 한다.

2) 단수가격 전략

홈쇼핑 또는 대형마트에서 사용하는 가격전략이다. 가격단위를 설정할 때 5,000원, 10,000원이 아닌 4,900원, 9,900원으로 게시하면, 저렴하게 느껴지는 심리효과를 이용한 가격 결정법이다. 단수가격을 설정할 때는 끝자리 수를 홀수로 표시하면 싸다는 인상을 주어 구매 욕구를 높인다는 연구결과도 있다. 이를테면 4,985원, 9,985원 하는 식이다. 단수가격 전략은 2009년 미국 콜로라도 주립대학의 〈케네스 매닝, 데이비드 스프로트〉 두 교수의 연구에 의해 확산되었다.

3) 권위가격 전략

가격이 비싸면 좋다고 인식하는 심리를 이용한 가격전략이다. 일품요리의 경우가 해당되는데, 원가대비 이익률이 높은 장점이 있다. 일반 외식점포는 유기농과 청정산지의 계절별 특별한 식재료를 사용한 신메뉴를 개발하여 효과적으로 활용할 수 있다. 권위가격 전략은 경영자의 영업전략 능력에 따라 일반 메뉴의 낮은 수익률을 대체할 수 있는 새로운 방안이 될 수 있다.

가격할인을 불황타개를 위한 방편으로 삼아서는 안 된다. 고객이 만족할 메뉴품질과 서비스를 제공한다면 적정이윤을 남겨도 불만을 갖지 않는다. 고객은 합당한 가치를 느낄 때 가격에 대한 저항감 없이 상품을 구매한다. 한국농수산식품유통공사에 따르면 '음식점 이용 시 핵심 구매요인'을 설문한 응답 〈도표 8〉에 음식의 맛 85.7%, 요리종류 45.1%, 음식점의 청결 42.1%, 교통편리성 36.2%, 가격 26.7%를 꼽았다. 고객의 기대가치에 부합한다면 가격은 구매요인 후순위에 해당된다는 유의미한 응답이다.

〈도표 8〉 음식점 이용 시 핵심 구매요인

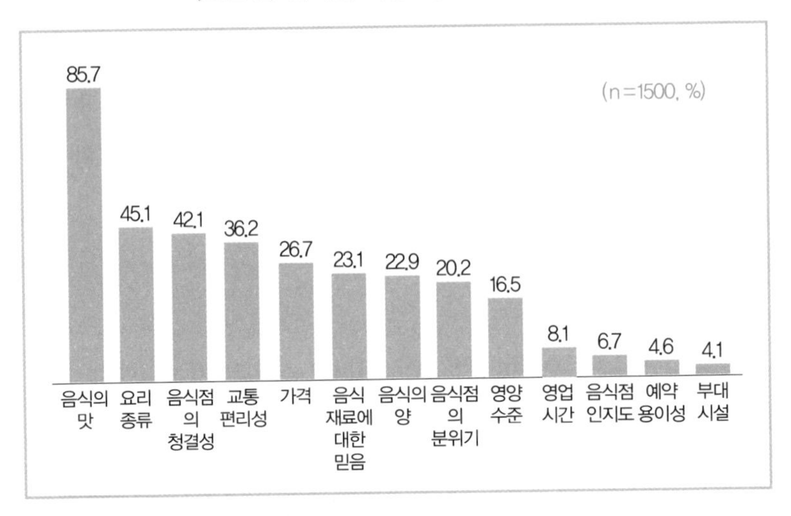

자료: 한국농수산식품유통공사_재구성

점포매력

각각의 사람은 특징적 요소를 지니고 있다. 이미지와 의상, 언행 등 우리는 그것을 가리켜 '호감이 간다', '매력이 있다' 라고 말한다. 음식점도 마찬가지인 셈이다. 처음 본 식당인데 좋은 느낌이 드는 순간, 들어가 보고 싶은, 즉 구매 욕구를 느끼게 된다. 그렇다면 외식점포의 매력은 어디서 느끼게 되는 것일까.

점포외부는 사람의 외모와 같다. 매력이 있고 호감이 가야 한다. 잠재고객을 유인하기 위해서는 흡인력 있는 물리적 환경을 만들어야 한다. 간판 디자인이나 브랜드 네임은 멋스럽고 고상한가, 음식은 과연 맛있을까, 서비스는 좋을 것 같은가, 기대가치에 부합할 수 있을까 등등. 잠재고객은 한순간에 이 모든 정보를 분석하고 직관력에 의한 판단을 한다. 소비자로서는 한 끼 식사에 심리적 비용을 지불하는 셈이다. 그래서 단골식당을 좀처럼 바꾸지 않는 이유는 새로운 식당을 탐색하는 데 소비하는 기회비용 때문이다.

점포외부의 물리적 환경은 고객접점의 시발점이다. 잠재고객의 이목을 최대한 끌어야 한다. 미니정원을 꾸며 화사한 꽃밭을 만들어 보라. 아름다운 점포가 될 것이다. 노출의 효과가 매우 높다. 오고가는 사람들이 기념사진을 남길 수 있는 작은 테마공원이 될 수 있다. 음악이 흘러나온다면 금상첨화다. 점포 전면은 산뜻함을 유지해야 한다. 디지털 디스플레이 설치로 메뉴의 동적인 표현을 시도하라. 사람은 화려한 컬러나 움직임에 시선이 집중된다. 실행에 옮겨보면 고객유인 효과에 고무될 것이다.

점포내부를 매력 있게 꾸미기는 이번 장 '04 멈추지 않는 식(食) 공간의 진화' 편에서 기술하겠다.

02 작은 차이가 큰 결과를 가져온다

마음을 자극하는 단 하나의 사랑의 명약, 그것은 진심에서 오는 배려다. – 메난드로스

1980년대 음식점 주방은 내부를 볼 수 없는 밀폐형태가 일반적이었다. 고객들은 항상 의심의 눈초리로 주방을 응시했고, 실제로 음식점 주방의 위생과 반찬 재활용 문제는 사회적 이슈(Issue)가 되었다.

필자는 이러한 문제에 착안하여 고객들이 언제나 주방을 볼 수 있도록 개방형을 도입했다. 고객들이 수시로 오가며 주방 내부를 들여다보니 자연스레 위생과 청결에 신경을 더 쓰게 되었다. 신뢰감은 당연히 높아질 수밖에 없었다.

지금도 밀폐형태의 주방을 볼 때가 있다. 컨설팅을 의뢰한 업체가 이럴 경우엔 주방부터 개선하라고 권고한다. 주방은 외식점포의 핵심시설이다. 가장 중요한 부문을 소비자로부터 불신 받는다면 심각한 위협에 직면하게 된다.

개방형 주방은 고객신뢰의 첫걸음

최근 외식업계는 주방의 불신문제를 해결하기 위해 CCTV 설치 사업을 전개하는 것으로 알려졌다. 전국단위가 아닌 지자체별 사업이라 아쉽기는 하지만, 고객에게 믿음을 주겠다는 행동이란 점에서 바람직하다. 지자체에 따라 차이는 있으나 주방내부 구조개선 자금을 50% 지원한다. 창업 후 영업중인 상태에서 지원사업 신청을 할 수 있다.

필자는 '360도 개방형' 센트럴 키친(Central kitchen)을 권장하고 싶다. 식당 중앙에 개방형 주방을 설치하여 고객들이 실시간 조리과정을 볼 수 있도록 하는 방법이다. 360도 방향에서 접근이 가능해 주방의 CCTV 설치보다 고객신뢰감이 더 높아질 수 있다. 조리된 메뉴의 서비스 타이밍도 단축된다. 고객만족은 물론 생산성 효과도 있다. 설계 형태에 따라 인테리어 효과도 한몫한다. 중앙에 위치한 특수성으로 모든 테이블 상황을 한 눈에 파악할 수 있다. 고객의 사전 요구를 한 발 앞서 인지할 수 있는 장점을 가지고 있다.

'360도 개방형' 주방은 마케팅전략으로 활용할 수 있다. 국내 메이저급 식품기업들은 수년 전부터 시스루(See-through) 마케팅 전략으로 소비자들로부터 신뢰를 얻고 있다. '시스루'란 패션용어로 얇고 속이 비치는 소재로 만든 의류를 일컫는다. 용어의 의미처럼 소비자들이 궁금히 여기는 것을 숨김없이 보여주는 것이다. 그런 측면에서 볼 때 '360도 개방형' 주방 도입은 마케팅전략으로 안성맞춤인 것이다. 소비자가 궁금하게 여기고 불신감을 가지고 있다면 신속하게 대처해야 한다. 고객 불만을 해결해 주는 민첩성은 고객만족을 배가 시킨다.

개방형 센트럴 키친, 남보다 먼저 실천해보자. 하나의 작은 차이가 성공창업의 핵심 열쇠가 될 수 있다.

유니폼은 브랜드의 얼굴

유니폼(Uniform)으로 불리는 제복은 고대(古代) 동족과 이족, 아군과 적군을 구분하는 데서 유래되었다. 또한 신분의 상징이기도 했던 유니폼은 현대에 와서 브랜드를 알리는 마케팅 수단으로 발전하였다. 최근에는 외식기업들이 자사의 브랜드 아이덴티티(Brand identity)를 강조한 독창성 있는 디자인의 유니폼을 착용케 함으로서 브랜드의 신선함과 신뢰감을 주는 마케팅전략을 구사하고 있다.

유니폼은 브랜드 이미지 메이킹(Brand image making) 역할을 한다. 유니폼은 무언의 홍보역할을 충실하게 수행하며 최소의 비용으로 홍보효과를 높여주는 착한 마케팅 도구다. 유니폼·위생복만 잘 갖춰 입어도 청결함과 신뢰감을 준다. 유니폼을 착용한 구성원은 소속감과 책임감을 갖게 한다.

일반적으로 자영 외식업소는 식자재 매장의 유니폼을 구매하거나 주류업체의 증정용 앞치마를 착용한다. 획일적일 수밖에 없다. 안타까운 현실이다. 경영에서는 작은 차이가 큰 차이를 가져온다.

"유니폼 별거 아니야" 라든가, "그거? 큰 업체나 하는 거야"하는 식으로 간과한다면 경영 마인드를 재점검해야 한다.

유니폼은 직원과 고객을 구별하는 역할을 넘어 외식업소의 브랜드 가치를 상승시켜 주는 효과가 있다. 산뜻한 컬러의 맵시 있는 유니폼을 입은 단정한 직원이 미소를 띠며 고객을 맞는 모습을 상상해 보라.

감성 공간 화장실은 최고의 마케팅

식사도 맛있게 하고 서비스도 맘에 들었다. 음식점을 나오기 전, 생리적 욕구 해소를 위해 화장실에 잠깐 들렀다. 문을 여는 순간, 아뿔싸! 이게 뭐람?! 퀴퀴한 곰팡이 냄새, 침침한 조명, 축축한 타월, 방금 전 식사시간의 기분 좋음이 단번에 날아가는 순간이다. '만족도 불일치'가 발생하고 만 것이다.

먼 과거의 얘기가 아니다. 음식점 화장실 환경이 예전보다 개선된 건 사실이지만, 아직도 변화에 둔감한 식당들이 어찌어찌 영업을 하고 있다.

인테리어가 고급스럽고 분위기 좋은 공간에서 맛있는 식사를 했어도 화장실에 들어서는 순간 옥에 티가 발견된다. 대부분의 외식업소가 실내꾸밈에는 관심도가 높은데 화장실 투자에는 인색한 편이다. 조금만 관심을 가진다면 금상첨화의 반열에 오를 수 있으련만, 경영자의 철학이 빈곤하지는 않은지 염려되는 부분이다.

화장실은 최고의 마케팅 도구가 될 수 있다. 가끔 고속도로 휴게소의 화장실을 사용해 보면 웬만한 가정집 거실 같은 분위기에 적잖은 감동을 느낄 때가 있다. 좋은 감정은 오래두고 기억에 남기 마련이다. 필자는 두 번째 창업에서 혁신의 범주에 화장실문화를 포함시켰다. 그림액자를 걸고 월간지를 비치하고 향수를 뿌렸다. 화장실을 다녀온 고객들은 미소를 쉽게 지우지 않았다. 30여 년 전의 사례다.

우리는 지금 21세기에 창업을 준비하고 또는 사업을 영위하고 있다. 그리고 성공창업을 염원한다. 성공에 지름길은 없다. 언제나 고객입장에서 숙고하고 고민할 때 해답을 찾을 수 있다.

03

고객은 사소한 것에도 감동한다

음식에 대한 사랑보다 더 진실한 사랑은 없다. – 조지 버나드 쇼

식당에서 주문한 음식이 나오기 전 맨 먼저 제공되는 물, 그런데 식당의 음용수에도 등급이 있다면 독자들은 어떻게 생각하겠는가. 단언하건대 필자는 등급이 있다고 주장한다.

한 잔의 물에도 등급이 있다

지금은 음식점마다 정수기가 설치되어 사계절 편하게 음용수를 제공할 수 있다. 하지만 70, 80년대는 수돗물에 볶은 보리를 적당히 넣어 끓여 먹는 물을 만들었다. 늦은 봄과 여름엔 차갑게, 가을과 겨울철엔 따듯한 보리차를 손님에게 제공했다. 물 한 잔에도 계절에 따라 제공하는 방법을 달리했던 것이다. 그러나 모든 식당들이 그렇게 하지는 않았다. 그렇지 않다는 것은 보리차의 등급을 의미하는 것이다.

그 시절 대부분 음식점들은 원가를 한 푼이라도 아껴보겠다는 꼼수를 썼다. '숯덩이'같은(쓴 맛이 날 정도로 검게 태운) 보리를 조금만 넣고 끓인 후 생수돗물을 섞어 보리차 색깔을 만들었다. 약삭빠른 영업주들은 약간의 커피로 보리차색을 내기도 했다. 당연히 보리차는 쓴 맛이 나고 수돗물 특유의 냄새까지 났으니 물맛이 좋을 리가 없었다. 손님들은 보리차에 대한 불신감이 팽배했다.

필자는 보리차도 상품의 일부라고 여겼다. 1등급 물맛을 내기위해 양질의 보리차를 만들었다. 타지 않은 알맞게 볶은 보리와 옥수수를 적당량 넣고 은근한 불에서 충분하게 끓였다. 원재료 고유의 구수한 맛을 온전하게 우려낸 것이다. 생수돗물은 일절 섞질 않았다. 아니나 다를까 고객들은 물맛이 좋다고 이구동성으로 칭찬했다.

〈그림 20〉 음용수 및 후식용 차

보리차 — 식이섬유와 불포화 지방산이 풍부한 구수한 곡류차

옥수수차 — 미네랄·식이섬유·아스파라긴산을 함유한 에너지 보충

오미자차 — 오미(五味)가 나며 폐를 강화하고 기침을 예방

레몬차 — 알칼리성 식품으로 피로회복 피부미용 효과

생강차 — 장 기능 개선·감기예방·원기회복·해독능력 강화

"주인아저씨, 물이 이렇게 맛있어도 되는 거유?"

"김보용 만두집은 물도 맛있네!"

요즘은 음식점마다 정수기를 설치한 탓에 사계절 똑같은 물을 내놓고 있다. 무더운 여름엔 그런대로 괜찮다 하더라도 추운 겨울 냉수를 내어 놓는 것은 어떻게 설명해야 옳을까? 365일 '맹물냉수'만 제공할 게 아니다. 영업주의 정성이 녹아있고 영양적 가치가 있는 구수한 보리차나 옥수수차를 내놓아 보자. 한 잔의 물에도 고객은 감동한다. 물 한 잔, 대수롭지 않게 여기지 말라.

디저트의 품격, 그리고 감성

남이 하는 것은 안 하는 게 좋다. 남과 같이 하면 남처럼 되고 만다. 음식점 후식의 대명사 자판기커피가 그렇다. 어느 식당엘 가나 커피 자판기 한 대씩 놓여있고, 맛 역시 한결같게 엇비슷하다. 손님들도 맛의 별다른 차이를 느끼지 못한 채 '입가심' 정도로 생각하며 마신다. 디저트(Dessert)로 마시며 향기와 맛을 음미해야 할 커피가 입가심 수준으로 품격이 전락하고 만 것이다. 남처럼 했기에 남처럼 된 것이다.

일부 손님들은 커피는 식당에서 공짜로 제공하는 것으로 생각한다. 영업주조차 그렇게 여기는 사례가 꽤 많다. 절대 공짜가 아니다. 지불한 음식 값에 포함된 것이고, 원가에 포함시켜야 당연한 것이다. 그러니까 손님들은 그냥 마시고 영업주는 공짜품목에 원가 더 들일 필요성을 느끼지 못하는 것이다. 제대로 된 품격 있는 디저트를 제공하고 제값을 받는 합리적인 경영을 해야 한다.

디저트는 커피에만 국한되지 않는다. 과일도 있고 푸딩(Pudding)도 있다. 찬 디저트, 더운 디저트, 얼린 디저트 등 필자가 알고 있는 종류만도 수십 개는 넘는다. 음식 값에 포함된 디저트가 있는 반면, 별도 판매하는 디저트도 있다. 디저트 메뉴에도 관심을 가져주기 바란다. 디저트 메뉴는 이익률이 높은 편이다. 잘 개발된 디저트 메뉴는 매출에도 긍정적인 영향을 준다. 서양 식문화의 정착으로 디저트의 수요가 증가했기 때문이다. 디저트 요리는 맛과 시각에서 감성적 호소력이 강한 편에 속한다.

남의 지갑에 있는 돈을 내 것으로 만든다는 것은 어려운 일이다. 내가 만든 상품을 일면식도 없는 사람에게 팔려면 온갖 정성을 기울여야 한다. 상품은 가치가 있어야 하고 판매자는 서비스 정신이 투철해야 한다. 고객관리도 잘해야 한다. 어느 것 하나 소홀해서는 안 된다. 그래야 비로소 고객은 만족하고 감동한다. 감동한 고객은 입소문을 내주고 충성고객이 된다. 마케팅 유형 중 가장 강력한 효과가 있는 것이 구전 마케팅(Word of Mouth Marketing)이다. 직접 경험한 고객의 입소문이기에 신뢰도가 높은 것이다.

SNS 마케팅이 시대적 대세라고 하지만, 앞의 요건이 전제되지 않는 한 돌아선 고객은 두 번 오지 않는다. SNS 마케팅은 고객유입 효과가 있는 것은 분명하다. 하지만 고객 불만이 발생할 경우, 이 또한 안 좋은 소문은 SNS를 타고 천리, 그 이상을 갈 수 있다.

04 멈추지 않는 식(食)공간의 진화

"변화를 민첩하게 포착하고 언제든 변화할 태세를 갖춰라.
–필립 코틀러

외식업 식(食)공간은 음식과 서비스를 제공하는 물리적 환경이다. 고객은 식사를 하며 잠시 휴식을 겸할 수 있는 특별한 공간이기도 하다. 소비자들은 한 끼의 식사를 해결하는 단순한 장소가 아닌 미식과 분위기, 대화, '쉼'을 향유하고자 하는 경향이 날로 높아지고 있다.

식공간은 식(食)의 행동이 이루어지는 외식점포의 공간전체를 포함한다. 고객이 오감(五感)으로 느낄 수 있는 모든 것이 식공간의 범주에 해당되는 것이다. 식공간 연출이 중요한 가장 큰 이유는 소비자가 상품을 구매할 때 시각적 이미지를 상품의 가치로 인식한다는 데 있다. 이미지는 브랜드화 되어 소비자의 마음에 내재된다. 외식업소의 브랜드는 점포가 보여주는 자체이며, 그 중심은 식공간인 것이다. 창업계획 수립단계에서부터 식공간의 연출기획은 포괄적으로 다루어져야 한다.

브랜드는 얼굴이자 경제적 가치

브랜드는 잠재고객들에게 업소의 정체성을 알리는 것이다. 브랜드 네이밍(Naming)을 할 때는 주력메뉴와 잘 어울릴 수 있는 브랜드 이름을 도출해야 한다. 김밥전문점〈소풍〉, 한정식전문점〈한식대첩〉, 꽃게전문점〈행복한 게장〉 등은 주력메뉴와 연결성이 좋은 브랜드 명(名)이라고 할 수 있다.

브랜드 이름은 외래어보다는 '아름다운 우리말'을 사용하는 것이 정겹게 느껴지며 기억하기 쉽다. 잘 지은 브랜드 명은 소비자가 기억하기 쉬우며 홍보성이 강하다. 브랜드 네이밍을 구상할 때는 글자 수에도 관심을 가져야 한다. 글자 수가 많으면 소비자가 기억하기 어려우므로 4~5자 내외가 적당하다.

홍보 강화를 위해서는 브랜드로고와 심벌마크를 함께 디자인하여 사용하는 것이 효과적이다. 브랜드로고, 심벌마크를 통해 소비자는 친근감과 흥미를 느끼며 호감을 갖는다. 최근에는 주력메뉴나 경영자의 캐리커처(Caricature)로 재미를 더해주는 업소도 생겨나고 있다. 브랜드로고와 심벌마크는 외식업소의 얼굴이며 상징이다.

브랜드로고, 심벌마크, 캐리커처는 디자인과 동시에 특허청에 상표출원을 해 놓는 것이 안전하다. 만일에 제3자가 도용하여 선등록했을 경우 금전은 물론 정신적 피해까지 볼 수 있다. 변리사를 통해 출원등록을 하는 것이 지적재산권 보호를 위한 방법이다. 시각디자인을 전문으로 하는 업체는 디자인 콘셉트 초기단계부터 해당 디자인의 출원등록 여부를 면밀하게 검토하여 진행한다.

간판(Signboard)은 고객을 끌어들이는 도구에 해당된다. 잠재고객은 들어갈 것인지 말 것인지 간판을 보고 구매 여부를 결정한다. 음식 맛이 있고 분위기 좋은 인테리어를 했더라도 간판에 고객이 주목하지 않는다면 흡인력이 떨어질 수밖에 없다.

길거리의 무수히 많은 간판들 중 내 점포를 알리기 위해서는 독창성 있는 간판이 되어야 한다. 독창성 있는 간판이란 좋은 브랜드 이름과 디자인이 조화를 이루어야 한다. 간판은 점포를 알리는 홍보 수단뿐만 아니라 경제적 가치를 결정하는 기준이 된다.

〈그림 21〉 브랜드 시각디자인 사례

향기는 브랜드를 기억한다

독자들은 간혹 식당 앞을 지나갈 때 고기 굽는 냄새라든지 구수한 된장찌개 냄새에 이끌려 구매를 했거나 먹고 싶은 충동을 느껴본 적이 있는가. 아마도 한두 번쯤은 누구나 이런 경험을 했을 것이다.

음식의 향기는 이처럼 후각을 자극하는 특성을 지니고 있어 잠재고객의 마음을 끌어당기는 힘을 가지고 있다. 필자 역시 수제만두전문점 창업 당시 만두 찌는 구수한 냄새를 노출시켜 대단한 영업효과를 본 사례가 있다.

향기는 소비자의 후각을 자극하여 구매로 연결해 주는 매개체 역할을 한다. 과거에는 고기전문 음식점들이 손님이 없을 기미가 느껴지면 고기지방을 숯불에 구워 냄새를 내풍김으로써 고객을 유인하는 전략으로 사용했다. 글로벌 외식기업인 스타벅스, 피자헛, 던킨도너츠 등은 자사 상품의 향기를 이용한 마케팅으로 고객유입 효과를 보는 것으로 조사되었다.

미국 미시간대학교의 아라드나 크리슈나 교수팀의 연구에 따르면 특정 상품에서 향기가 날 경우 소비자는 해당 상품에 대한 정보를 오래 기억하는 것으로 밝혀졌다. 국내에는 향기를 전문으로 제조하는 기업들이 있다. 원하는 향기를 의뢰하면 맞춤향료를 만들어준다. 가공식품에 첨가되어 있는 수많은 식품향기들은 맞춤형 향료로 제조된 것이다. 식품향료 키워드로 검색하면 다양한 식품향료 전문기업들을 만나볼 수 있다.

특별한 식공간의 가치 향유

필자가 컨설팅을 수행한 외식업체 중에 특별하게 기억되는 업소가 있다. 지방의 소도시 샤브샤브 전문점으로 이 업소의 경영자는 고객가치를 최우선으로 여기며 몸소 실천하고 있다. 비주얼 머천다이징(Visual merchandising)의 잣대를 들이대도 손색없는 시각적 요소를 잘 갖춘 업소에 해당된다. 굳이 옥에 티를 고르면 안 나올 리야 없겠지만, 그럴 필요까지는 없다.

현관을 들어서면 원두커피의 그윽한 향이 기분을 전환시킨다. 분명 일반음식점인데 카페인 줄 착각한다. 여느 음식점에서는 보기 드문 전문설비를 갖춘 '카페'가 눈길을 사로잡는다. 커피품질에 영향을 주는 커피머신도 고급기종을 설치해 놓았다. 식사를 한 고객에게는 아메리카노, 아이스커피는 무료 제공한다. 그 외 커피메뉴는 저렴하게 판매하는 후덕함을 베풀기도 한다.

매장 밖 노천카페는 고객에 대한 배려이자 경영자의 철학을 엿볼 수 있는 특별한 공간이다. 주변 환경과 조화되는 노천카페는 고객가치를 제공하기에 충분한 요건을 갖추었다. 수목의 싱그러움, 녹색과 대비되는 화려한 꽃은 파란 쪽빛 하늘과 어울려 감성을 소구하기에 부족함이 없다. 고객들은 노천카페에서 깊은 원두향의 커피 맛을 음미하며 안부를 묻고 담소를 즐긴다.

인구 4만3천 명에 불과한 작은 도시의 이 업소는 입소문을 타고 유명인사와 연예인들이 찾는 지역 명소로 자리매김한 벤치마킹 대상 음식점이기도 하다.

외식공간의 고객가치는 점포규모와 무관하다. 다만 창업자의 고객에 대한 배려와 경영철학이 선행될 때 가능하다. 진정한 고객가치란, 고객이 기대했던 예상가치에서 실제가치를 차감한 것이다. 작은 공간이라도 고객가치 공간으로 변화시킬 수 있는 방안을 모색해 보자.

〈그림 22〉 고객 가치를 위한 특별한 카페

시각적 요소는 이미지로 각인된다

음식점 문을 들어서는 순간, 썰렁하게 느껴지는 업소가 있다. 이럴 때 용기를 내서 돌아선다는 게 쉽지만은 않다. 썰렁한 식당을 불편해 하는 이유는 있어야 할 것이 없어 빈 듯한 느낌을 받기 때문이다. 불과 몇 초 동안에 잠재고객은 상황을 파악하고 구매여부를 결정하는 능력을 발휘하는 것이다. 이를 가리켜 고객접점(Moments Of Truth)이라고 하며, 고객이 구매를 위해 브랜드에 처음 접촉하는 순간을 말한다. 고객접점 대상은 브랜드와 관련된 모든 시각적 요소가 포함된다.

이처럼 외식업소의 시각적 요소는 구매를 결정하는 지표가 된다. 시각적 요소 중 핵심은 단연 인테리어와 조명이다. 실내 장식을 잘 했어도 조명의 역할이 미흡하면 그르친 인테리어나 다름없다. 인기 연예인이 출연하는 쇼 프로무대가 훌륭해도 다양한 조명의 역할이 없다면 좋은 분위기를 연출할 수 없는 것과 같다.

식공간의 조명은 매장을 밝혀주는 단순함을 넘어 고객의 심리적 안정에 영향을 준다. 외식공간의 기본조명도는 낮추는 대신 테이블 조명과 메뉴사진, 그림, 조형물 등에 간접조명을 설치함으로써 고상하고 격조 높은 분위기를 연출할 수 있다. 테이블 조명은 주광색이 아닌 전구색을 사용해야 한다. 전구색은 음식의 신선도를 높여주는 느낌을 주고 식욕을 자극하는 효과가 있다.

아기자기한 느낌을 주기 위해서는 사진이나 그림, 조형물 등을 설치할 수 있다. 설치 시 고려 사항은 메뉴와 연관성을 가져야 한다. 식재료나 도구 등을 소재로 한 이미지와 조형물, 음식모형 등은 홍보성이 강하며 구매충동을 자극한다. 고객의 흥미를 유발할만한 스토리가 있는 부조물(평면 재료 위에 높낮이를 만들어 표현하는 조각 기법)은 벽화 느낌과 예스러움을 준다. 이때도 메뉴와 관련 있는 소재로 해야 함은 물론이다. 인터넷 검색 창에 음식모형, 조형물을 입력하면 많은 업체를 볼 수 있다.

〈그림 23〉 식공간 시각이미지 및 물리적 환경사례

자연주의 식공간

도심 속 자연을 즐기는 소비자들이 늘어나고 있다. 일상의 복잡함을 잠시나마 잊어보자는 탈(脫)도시 욕구인 셈이다. 자연주의! 말만 들어도 기분이 상쾌해진다. 소비자의 이러한 욕구를 파악한 감각 있는 창업자들이 '자연주의' 콘셉트(Concept)로 인기를 얻고 있다. 메뉴도 그에 부합한 친환경 식재료에 천연조미료를 사용한다.

자연주의 식공간은 포토 존(Photo zone)으로도 고객들에게 인기가 높다. 찍힌 사진은 SNS 마케팅 플랫폼(Marketing platform)을 타고 입소문을 내 준다. 고객 좋고 식당 좋으니 "누이 좋고 매부 좋은

격이다.”

먹거리에 대한 불신감, 음식점 환경 위생에 불만을 가진 소비자들이 자연주의 식공간을 선호하는 이유다. 가격은 조금 비싸더라도 합리적인 소비를 하겠다는 것이 가치지향 소비자들의 공통점이다. 비싼 것이 좋다는 식의 과시소비와는 확연히 다르다. 합리적인 소비자들은 불필요한 소비는 자제하는 대신, 가치를 느끼는 소비에는 주저하거나 인색함이 없다.

창업자는 가치소비자에 주목해야 한다. 가치 중시 소비자는 고소득 전문직을 가진 사람이 많은 편에 속한다. 이들은 가치 있는 삶을 추구하는 경향이 강하다. 매사에 적극적이며 자긍심이 강하다. 가치 중심 소비자는 구매 결정은 신중을 기하지만, 신뢰를 하는 순간 불변의 충성고객이 된다. 충성고객은 자청해서 입소문을 내준다. 충성고객의 입소문은 상상을 초월한다. 필자의 경험적 법칙으로는 충성고객의 입소문은 핵분열과도 같은 막강한 영향력을 지닌다.

내추럴(Natural)함이 있는 자연주의 식공간은 심신에 안정감을 준다. 식물의 공기정화 작용과 분위기 전환으로 인해 심신의 피로를 풀어주기 때문이다. 피로 해소는 새로운 에너지를 얻어 활력을 준다. 한 끼의 밥상으로 힐링(Healing)의 효과까지 있으니 소비자는 선호할 수밖에 없다. 자연 친화적인 식공간, 상큼함과 안락감을 느끼며 친건강 음식으로 고품격 식사를 즐겼다면 브랜드 이미지는 쉽사리 지워지지 않는다.

〈그림 24〉 자연주의 인테리어 사례

인간의 장기기억으로 가장 오래 남는 것은 시각이다. 시각적 요소는 이미지화 되어 뇌리에 저장된다. 시각 판촉 기법인 비주얼 머천다이징(visual merchandising)은 이제 점포를 기반으로 한 모든 업종에서 사용하고 있는 추세다. 음식점의 접객서비스와 관련된 요소들을 시각적으로 표현함으로써 매력적인 브랜드로 돋보이게 할 수 있다.

창업자와 경영자는 이러한 시각효과의 장점을 이용하여 마케팅 전략으로 활용해야 한다. 품격 있는 연출을 위해서는 기존의 소문난 업소를 많이 보고 느끼고 실천해야 한다. "상품의 선전 효과는 단명하지만 이미지 부각은 그 수명이 영원하다"는 말을 염두에 둘 필요가 있다.

05 음식에 문화를 입혀라

인간 정신의 온갖 나태함에도 불구하고 문화는 진보한다.
– 볼테르

다분야 업종에서 문화콘텐츠(Culture Contents)를 도입하고 있다. 상품과 문화의 융합으로 볼거리와 즐길 거리를 제공함으로써 소비자를 자연스럽게 판매영역으로 유도할 수 있기 때문이다. 소비자는 쇼핑을 하며 문화를 즐기는 재미에 흥미를 갖게 되고 재방문의 욕구를 느끼게 된다.

가치소비를 추구하는 스마트 쇼퍼(Smart Shopper)가 늘어나면서 상품과 문화를 함께 구매하려는 소비자가 증가하고 있는 추세다. 이들은 바쁘게 돌아가는 일상에서도 새로운 문화에 대한 욕구가 강한 그룹에 속한다. 필요한 상품만을 구매하는 것이 아닌, 문화를 향유하며 소비하는 지혜로운 소비자인 것이다. 가치 중심적 소비를 지향하는 소비자의 특성을 잘 이해하면 견고한 충성고객을 확보할 수 있는 기회를 포착할 수 있다.

글로벌 커피 기업인 〈스타벅스〉는 상품과 문화를 융합한 문화콘텐츠를 도입하여 성공을 거둔 것으로 유명하다. 은은한 음악과 진하지 않은 원두의 그윽한 향, 적정한 조도의 간접조명은 포근한 느낌의 소파와 함께 안락함을 제공한다. 언제나 한결같은 고객서비스는 스타벅스 문화의 핵심을 이루고, 인테리어의 독특함과 절제된 통일감으로 브랜드 이미지를 표출하며 스타벅스만의 문화를 강조하고 있다. 스타벅스 문화 콘텐츠의 최종 목표는 고객의 오감만족에 중점을 두고 있는 것이다.

문화콘텐츠의 가장 큰 장점은 소비자로부터 친밀감을 갖게 하여 브랜드 이미지에 긍정적 영향을 주어 재방문에 의한 구매효과를 극대화하는 것이다.

규모에 맞는 선택적 문화콘텐츠

문화콘텐츠란 대중매체와 플랫폼에 담을 수 있는 문화 예술적 가치가 있는 내용을 말한다. 외식창업자는 목표고객층에 부합할 수 있는 문화콘텐츠를 선택하여 마케팅 도구로 활용할 수 있다. 문화콘텐츠의 유형은 얼마나 될까. 한국콘텐츠진흥원의 문화콘텐츠 대분류에 따르면 총 50여 개에 이른다. 이 가운데서 문화마케팅에 적용 가능한 것 중, 대중문화와 전통문화로 간추려 보았다.

〈표 18〉 문화콘텐츠 유형

대중문화	전통문화
음반, 미술, 캐릭터, 시각예술, 미니어처, 애니메이션, 디지털, 출판물(미담집, 만화, 순수문학, 아동물, 판타지소설, 추리소설 등), 공연물(연극, 퍼포먼스, 인형극, 음악회 등), 영상물(영화, 영상시·소설 U. C. C, 뮤직비디오, 영상광고, 프리젠테이션 등)	탈춤, 민요, 전통옛집, 전통문양, 나전칠기, 유기(놋그릇), 토기도자기, 전통악기, 목기, 공예(짚풀공예, 한지공예, 부채공예, 토기공예, 유기공예, 목기공예) 천연염료, 화문석, 전통창호, 자수, 화혜(전통 신) 국궁, 낙죽장도, 분청사기, 전통예능(강강술래, 농악) 생활양식(한복, 갓, 대장간, 화로, 인두, 등잔, 다듬이 담뱃대, 병풍, 물동이 등)

자료: 한국콘텐츠진흥원_재구성

문화콘텐츠의 정착과 성과를 이끌어 내기 위해서는 감성적으로 접근해야 한다. 문화마케팅의 본질이 문화고유의 특성을 매개체로 고객감성을 자극, 브랜드 이미지를 제고하기 때문이다. 고객감성에 소구하는 데 실패한다면 당초의 기대에 어긋나 문화마케팅 자체를 포기할 수도 있다. 따라서 문화마케팅은 사업계획 수립 단계부터 세밀한 부분까지 다루는 기획을 해야 한다.

소비자는 항상 새로운 가치를 원한다. 남들과 다른 격(格)이 높은 소비를 지향함으로서 삶의 질을 높이려는 경향이 강한 것이다. 양과 질의 소비시대에서 가치소비의 시대로 전환하고 있다. 그 중심에 소비자의 욕구를 충족시켜줄 문화콘텐츠가 새로운 대안으로 부상한 것이다.

업종과 규모를 고려한 문화마케팅

문화마케팅은 규모와 업종적합성에 부합해야 한다. 마케팅 비용을 부담해야 하는 요건이 따르기 때문이다. 기획은 치밀하게 하되 실행은 순차적으로 하는 것이 시행착오를 예방할 수 있다. 피드백(Feedback)을 통해 효과를 측정한 후 개선점을 보완하여 추가 실행을 하는 것이 바람직하다.

문화마케팅은 업종의 성격에 맞는 콘텐츠를 활용해야 한다. 이를테면 한식전문점의 경우 한식의 역사와 발전과정을 스토리텔링(Storytelling)하고 전통그릇이나 공예품을 전시하여 인테리어 효과와 식공간의 품격을 한 차원 돋보이게 할 수 있다. 이때 전시용 LED 조명을 잘 설치하면 전시품의 격조 높은 효과를 볼 수 있다. 기왕이면 판매를 겸할 수 있도록 진열에 신경을 써야 한다. 별다른 노동력 없이 판매되는 수익은 별도의 부가가치를 창출하게 된다.

외식 공간 분위기를 연출하는 데는 음악만큼 좋은 게 없다. 외식 공간에서 잔잔하게 흐르는 음악은 기분을 전환시켜 식욕을 돋구어 주고 대화를 원활하게 해주는 역할을 한다. 음악은 식후 소화 작용과 긴장 해소에도 도움을 준다. 악이유식(樂以侑食), 음악은 소화를 돕는다. 비용의 문제가 없다면 문화의 날을 지정하여 음악동아리를 초청, 작은 콘서트를 열어 문화 서비스를 하는 것도 고려해 볼 수 있다.

작은 도서관을 만드는 것도 좋은 방법이다. 〈표 18〉의 출판물 6종 외에도 고객들의 관심사가 될 만한 도서를 마련, 독서공간을 제공한다면 음식에 문화를 입힌 외식공간으로 손쉽게 다가설 수 있는 계기가 된다. 또는 독서문화의 날 '이벤트'를 개최하여 고객추첨을 통해 한 주의 베스트셀러 증정을 할 수도 있을 것이다.

앞의 예시는 필자의 견해를 기술한 것에 불과하다. 독자들의 참신한 아이디어는 무궁무진할 것이다.

창업자만의 독특한 전략으로 영업상황에 맞게 실행한다면 문화마케팅의 목적은 충분히 달성할 수 있을 것으로 보인다.

〈그림 25〉 마케팅 패러다임 변화

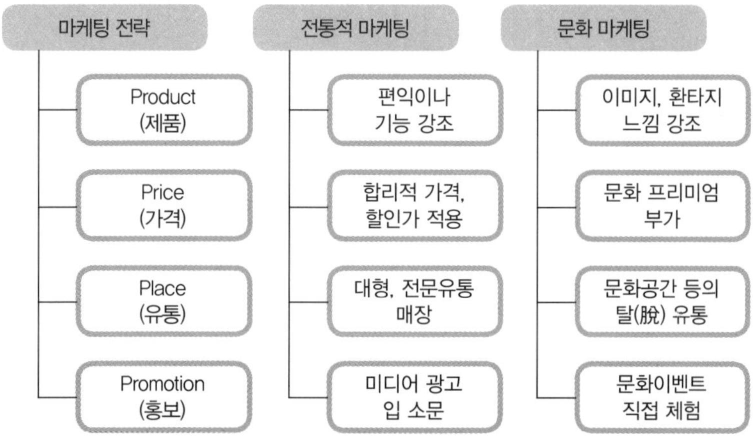

마케팅 전략	전통적 마케팅	문화 마케팅
Product (제품)	편익이나 기능 강조	이미지, 환타지 느낌 강조
Price (가격)	합리적 가격, 할인가 적용	문화 프리미엄 부가
Place (유통)	대형, 전문유통 매장	문화공간 등의 탈(脫) 유통
Promotion (홍보)	미디어 광고 입 소문	문화이벤트 직접 체험

자료: KB금융지주 경영연구소. 문화경영의 이해_재구성

라이프스타일(Lifestyle)의 변화에 따라 대중문화를 즐기려는 소비자가 늘어나고 있다. 이들의 공통점은 심미안(審美眼)을 지니고 있어 미(美)를 분별하는 안목이 넓다. 따라서 문화의 가치를 브랜드의 가치로 인식하는 것이다. 한 끼의 식사를 해도 격이 다른 것을 선호한다. 이처럼 소비의 패러다임(Paradigm)이 변화함에 따라 '상품과 서비스를 판매하던 시대'에서 '문화를 파는 시대'로 전환된 것이다.

음식의 맛과 기존의 서비스방식만으로는 사업지속을 보장하기 어려운 현실이 되어가고 있다. 이것이 음식과 서비스에 문화를 융합한 문화마케팅을 해야 하는 이유다. 음식만을 팔지 말고 가치를 팔아야 하는 시대에 독자들은 새로운 모델의 창업을 준비해야 한다. 남들이 무관심한 분야를 먼저 개척하고 경영에 적용하는 것이 21세기 경영자의 역량이다. 프로페셔널한 비즈니스맨은 항상 남보다 앞서간다.

CHAPTER

5

어디에 '명당' 점포를 낼까?

◇◇◇◇◇◇◇◇◇

01 중개업소 말은 어디까지 믿어야 하나

자신의 능력을 믿어야 한다. 그리고 끝까지 굳세게 밀고 나가라.
– 로잘린 카너

점포 임차를 위해 가장 먼저 들려야 할 곳이 공인중개사무실이다. 인터넷 공인중개소가 있지만 점포계약은 최종적으로 오프라인 공인중개사와 거래 관계가 성립된다고 보면 된다. 공인중개사는 점포 임차와 관련된 업무전반을 책임지는 법적 자격을 갖춘 공인된 사람이다. 창업자는 점포 소개에서 임차계약체결 시까지 공인중개사를 의지할 수밖에 없다. 그러기 위해서는 신뢰할 수 있는 공인중개사의 역할이 전제되어야 한다.

하지만 때로는 사실이 왜곡되는 경우가 있다. 이를테면 점포가 매물로 나온 이유를 들 때 전 사업자가 건강상 문제가 있어서 라든가, 가정에 급한 일이 생겨서, 이민을 가게 되어서 하는 식이다. 이런 경우는 허구성을 갖고 있을 위험이 있다. 임차점포 시장의 매물은 영업부진상태의 점포라고 생각하는 것이 옳은 판단이다. 잘 되는 점포는 쉽게 나오지 않으며, 매물이 있더라도 공인중개사를 경유하지 않고 지인 간 양도양수가 발 빠르게 이루어진다.

독자들은 어쩌면 반문할지 모른다. "임차점포가 한결같게 영업이 안 되는 점포냐?"고 말이다. 그렇다. 유감스럽게도 잘 안 되는 점포가 매물로 나온다. 잘 되는 점포는 극히 드물다고 단정하는 것이 속편할지 모른다. 그런데 간혹 잘 되는 점포가 나올 때도 있다. 창업자는 이럴 때 주의해야 한다. 잘 되는 점포라고 서둘러 계약을 했다가는 돌이킬 수 없는 실수를 하게 된다. 돌이킬 수 없는 실수란, 잘 되는 점포의 계략에 옭힌 것을 의미한다.

영업자 중 더러는 손님 많은 점포로 위장해서 비싼 권리금을 챙기려는 꾀를 쓰기도 한다. 사전 준비를 철저히 한 위장된 손님을 동원하여 잘 되는 점포로 만드는 것이다. 점포를 구하는 입장에서는 관심이 증폭될 수밖에 없다. 혹여나 해서 두세 번 확인방문을 해봐도 손님은 여전히 많다는 것. 이쯤 되면 계약을 안 할 수가 없다. 경험 없는 창업자는 십중팔구 계략의 함정에 빠지고 만다. 단 한 번의 실수는 엄청난 결과를 초래한다. 자칫 잘못하면 사업개시와 동시에 점포를 임차물로 내놓거나 폐업을 고려해야 하는 불행한 상황이 올 수도 있다.

몇 년 전 컨설팅을 의뢰했던 한 사업자가 똑같은 사례를 당했다는 말을 듣고 매우 가슴 아픈 적이 있었다. 그분은 그때의 심한 충격으로 우울증세로 고생하고 있었으며, 대출이자를 지급하기에도 힘겨운 모습이었다. 일부 영업자의 비양심적인 행태로 인한 피해는 점포를 양수한 영업자를 경제적 약자로 전락시키고 삶을 황폐화시킨다. 악덕 영업자인 그들은 실체를 은폐한 채 여전히 암적 존재로 활동하고 있다.

임차시장의 매물점포를 주요 유형별로 보면 〈그림 26〉과 같다.

〈그림 26〉 임차점포 유형

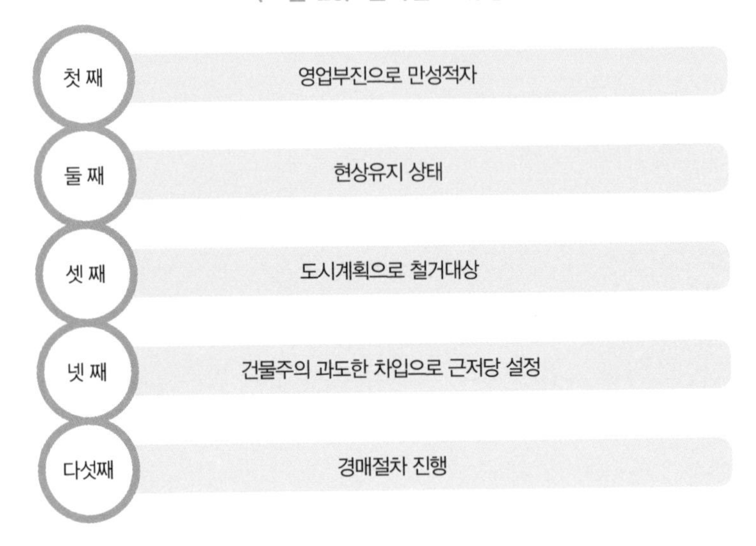

창업세계에 첫발을 딛는 신규창업자는 냉혹한 현실을 직시해야 한다. '사주경계를 철저히 하라'는 말과도 상통한다. 경제적 피해를 예방하기 위해서는 달리 방법이 없다. 창업을 준비하다 보면 미처 예상치 못했던 일들이 여기저기서 불쑥불쑥 튀어 나온다. 사업을 개시하기까지 많은 문제를 처리해야 하고 장애물을 넘어야 한다. 가까운 지인 중에 창업 유경험자가 있다면 천군만마와 같을 것이다.

또 다른 방법은 소상공인시장진흥공단(www.semas.or.kr) 중소기업통합콜센터(1357)의 컨설팅지원실(042-363-7832~33, 38)의 컨설팅 제도를 이용하면 무료 또는 저비용으로 해당분야의 전문컨설팅을 받을 수 있다.

점포와 관련된 정보는 창업자의 영업활동에 손익의 영향을 줄 수 있는 중요한 열쇠를 가지고 있다. 과거에 비해 공인중개업소의 신뢰도가 향상되었다고는 하나, 아직까지도 액면 그대로를 수용하기에는 일부 한계가 있다. 위험요인을 회피하거나 차단하기 위해서는 발품을 팔아야 한다. 꼼꼼하게 따져보고 재확인을 해야 한다. 그리고 서두르지 않기를 바란다.

과거 '복덕방'시절부터 현재 공인중개소에 이르기까지 그들이 사용하는 불변의 공통된 언어가 있다.

"내일 어떤 사람이 계약하러 온다고 했는데… 선(先)계약하고 가시죠?"

믿어서는 절대 안 되는 말이다.

02 상권분석, 스킬이 아닌 빅데이터의 해석

성공의 커다란 비결은 결코 지치지 않는 인간으로 인생을 살아가는 것이다. – 알버트 슈바이처

외식창업자는 상권에 대한 이해를 어느 정도 하고 있을까. 상권분석은 바르게 하고 있는 것일까. 전문적인 상권분석 학습을 한 경우엔 잘 할 수도 있겠지만, 반면에 그렇지 않은 창업자들도 꽤 많다. 독자들 가운데 '상권분석만큼은 전문가 수준이다'라고 자평한다면, 이번 장은 패스해도 된다.

몇 해 전 수도권에서 컨설팅 할 때의 일이다. 준비한 상권자료를 설명하려하자 업소대표는 손사래를 치며 자신은 상권분석은 할 줄 아니까 다른 자료를 설명해 달라고 했다.

잠시 침묵이 흘렀다. 필자는 평정심을 유지하며 질문을 했다.

"대표님, 이 상권에 입지하게 된 이유는 무엇인가요?"

그러자 업소대표는 의외의 대답을 했다.

"어머님께 전수받은 기술이라 자신감을 갖고 가게를 얻었습니다.

상권분석도 하고요."

그 업소의 점포입지는 2차선 도로의 이면도로에 접한 언덕길 단독주택과 빌라가 혼재한 길목이었다. 상권에 대해 어느 정도의 상식만 가지고 있어도 판단이 가능했을 입지적 조건…. 가슴 한편이 답답해짐을 느꼈다.

언덕길에 입지한 점포는 피하는 것이 좋다. 풍수지리설에 따르지 않더라도 언덕길은 모든 사물이 지나가는 지형이다. 물이 흘러내리지 않는 평평한 지형이 좋다. 경사진 물길에는 고기가 살지 않듯, 점포도 마찬가지인 셈이다. 물이 고이는 평평한 지형의 물속에는 다양한 어종이 모여 산다. 점포가 입지한 지형도 바닥이 고르고 판판해야 사람이 모여든다. 단독주택과 빌라가 많은 지역은 비활성 상권이며, 언덕길은 통행이 불편하거니와 안정감도 없는 지형이다.

상권분석은 기능적인 것을 요구하는 것이 아니다. 상권이 가지고 있는 수많은 데이터를 추출해서 어떤 시사점이 있는지를 도출해야 한다. 상권은 축소된 사회 집단이며 각각의 고유특성을 지니고 있다. 다른 상권에는 존재하지 않거나 미형성된 소비문화가 어느 지역 상권에서는 소비 트렌드(Consumption Trend)로 자리 잡고 있다. 특히 외식은 지역과 상권에 따라 확연한 차이를 보여준다.

차이에 따른 소비는 영남과 호남, 영동과 영서, 중부지역의 상권에서 큰 격차를 보이고 있다. 중부지역 상권에서는 익숙지 않은 음식이 영남상권에서는 선호 메뉴로 각광받기도 한다. 동일 음식의 조리법도 다를 수밖에 없다. 지리적 특성과 기후, 고유 식습관에 의해 입맛이 다르기 때문이다. 맵고 짠 정도의 차이도 지역별로 다르다. 또한 주요 농수축산물의 생산과 채취여부에 따라서도 생소한 음식이 만들어 지거나 그 지역 명물음식이 되기도 한다.

점포 물색에 앞서 파악해야 할 것은 영업할 상권에 대한 음식소비 유형을 알아야 한다. 어느 업종, 어떤 음식류가 많이 소비되고 있는지 확인해야 주력메뉴를 결정하는 데 참고할 수 있다. 앞서 밝힌 바와 같이 다른 지역 상권에서 인기 높은 메뉴가 상권 변경에 따라 비인기 음식이 될 수도 있다. 지역과 상권이 바뀌면 음식의 선호도가 다름을 인정해야 한다. 구매 선호가 낮은 메뉴를 인기상품으로 자리매김시킨다는 것은 시행착오의 반복과 인고의 시간을 요구할 뿐이다.

상권은 데이터의 보고(寶庫)이다. 동일한 업종과 수많은 유사업종이 공존관계를 형성하고 있는 가운데 자유경쟁을 통해 업소의 감소현상이 나타난다. 자유경쟁은 "수요와 공급이 자유로운 상태에서 이루어지는 시장경쟁이다." 시장경쟁에서 생존하기 위해서는 차별적 경쟁우위가 될 만한 강점을 보유하고 있어야 한다. 모방이 쉽지 않은 메뉴의 속성과 서비스의 독특성, 감성적 식공간은 경쟁우위를 선점할 수 있는 핵심요소다. 창업자가 진입할 상권에 이러한 강점을 지닌 경쟁업소 여부를 파악, 사업전략을 수정·보완해야 한다.

매출은 시간과 요일에 따라서도 매출비율이 다르다. 상권에 따라 소비 패턴이 다르기 때문이다. 어느 상권은 주중 매출비율이 높은 반면, 다른 상권에서는 주말 매출이 높기도 하다. 일반적으로 직장인구수가 많은 상권은 주중 매출이 높은 편이다. 상권분석을 할 때 주중, 주말의 매출변화 추이를 파악해 두면 식재료의 낭비요소를 줄일 수 있다.

연령별에 따라서도 매출은 다른 양상을 보여준다. 20대는 가장 왕성한 소비층에 해당된다. 부양가족이 없다는 것이 소비의 주된 요인이다. 이들은 주전부리 음식소비에도 기여한다. 30,40대 연령대는 직장회식과 가족외식의 주요 소비층으로 꼽힌다. 반면 50대에서는 소비의 감소가 나타난다. 자녀의 대학자금, 출가에 따른 혼사비용 등으로 절약의 시기인 것이다. 60대 이상에서는 외식횟수가 급격히 줄어든다. 은퇴에 따른 사회활동 빈도수가 낮아 '집 밥' 섭취를 주로 하게 된다. 50, 60대 인구비율이 높게 나타나는 상권에는 진입여부를 신중하게 판단해야 한다.

주거형태에 따라 소비 패턴을 유추할 수도 있다. 단독주택이나 다세대주택보다는 아파트세대가 많은 상권이 외식 빈도수가 높은 것으로 조사되었다. 중소형 아파트상권은 가족단위 외식이 잦은 편이므로 어린이와 10대를 위한 메뉴를 개발할 필요가 있다.

상권 내 인구와 집객시설에 따라 상권의 규모를 알 수 있다. 집객시설이란 유동객을 확보할 수 있는 복합 문화시설, 오피스텔, 대형마트, 금융기관 등의 총칭이다. 집객시설의 많고 적음이 상권 활성화의 기준이 된다. 비활성 상권은 대부분 집객시설이 미흡한 수준에 있다. 집객시설이 부족하면 유동인구는 미미하며 저녁시간의 길거리는 일찌감치 한산해진다. 상권은 다양한 업종이 모여 공존관계를 유지하고 상호보완관계를 형성해야 한다. 그래야 유동객이 증가하고 고객흡입력이 좋아진다.

〈그림 27〉 상권 빅데이터

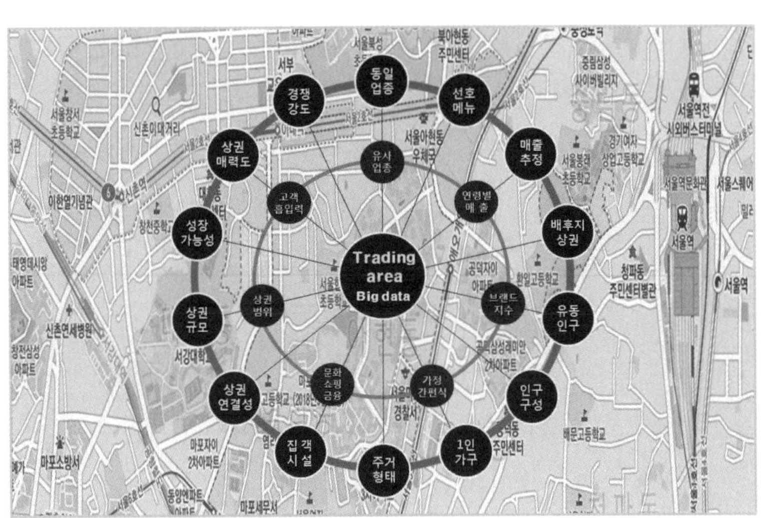

상권분석의 결과물은 상권매력도 측정으로 결론을 지을 수 있다. 상권의 규모는 소형과 중형, 대형 중 어디에 해당되며 향후 성장가능성은 있는지, 고객흡입력은 어느 정도인지, 업종 간 경쟁강도는 어느 정도쯤인지 등을 면밀하게 관찰하고 분석해야 한다. 경쟁강도는 상권 내 총인구수를 전체외식업체수로 나눈 값이다. 상권매력도 분석을 한 후 해당 상권에 진입할 것인지 여부를 검토해야 한다.

상권분석은 소상공인시장진흥공단(www.semas.or.kr) 홈페이지 회원가입 후 무료로 사용할 수 있다. 소상공인상권정보시스템은 지난 10여 년간 보완하며 지속적 연구를 해온 결과 신뢰도 높은 상권분석프로그램으로 자리 잡았다. 이외 상권분석 웹 사이트는 SGIS 통계지리정보서비스, NICEBIZMAP 상권분석서비스, Geovision 등이 있다.

〈표 19〉 상권정보시스템 웹 사이트

구분	홈페이지
소상공인상권정보시스템	http://www.semas.or.kr/web/main/index.kmdc
SGIS 통계지리정보서비스	https://sgis.kostat.go.kr/view/index
NICEBIZMAP 상권분석서비스	https://www.nicebizmap.co.kr/index.jsp
Geovision	http://www.geovision.co.kr/

자료: 업체별 홈페이지

03 상권의 범위와 단절요인

배우기만 하고 생각하지 않으면 얻는 것이 없고, 생각만 하고 배우지 않으면 위태롭다. – 공자

온라인 상권분석은 소상공인상권정보시스템, 통계지리정보서비스, NICEBIZMAP, Geovision 등이 있다고 했다. 여기서는 편의상 소상공인상권정보시스템을 위주로 기술하겠다.

상권분석은 간단분석과 상세분석이 있다. 상권의 많은 정보를 습득하기 위해서는 상세분석을 하기 바란다. 〈그림 28〉 메뉴에서 지역선택과 상권그리기, 업종선택을 한 후 분석을 시작할 수 있다. 2단계 상권그리기는 상권형태에 따라 그리기 유형을 달리해야 하므로 해당상권의 형태에 따라 선택하면 된다. 상권은 지형과 공공시설의 유무에 따라 다양한 형태로 나타난다. 여기서 공공시설은 도시의 공원을 말한다. 상권의 일부가 공원지역에 포함된다면 해당 상권은 단절요인이 되고 그로 인하여 규모는 그만큼 축소된다고 보아야 한다.

〈그림 28〉 상권분석 초기메뉴

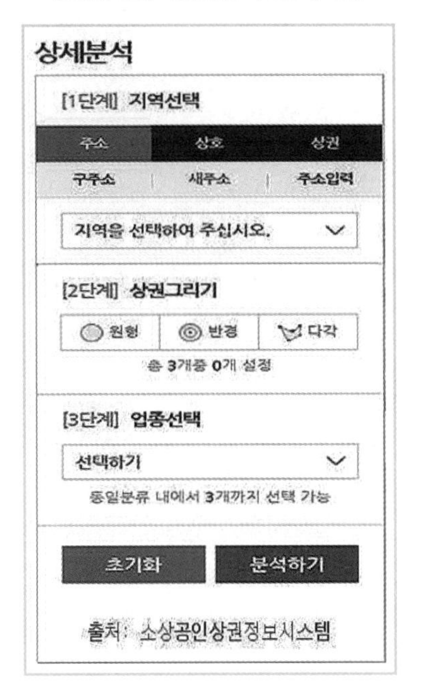

출처: 소상공인상권정보시스템

3단계 업종선택에서 음식 ⇨ 업종(예: 한식) ⇨ 음식종류를 선택한 후 상권그리기를 한다. 그리기 유형 중 '원형'은 1차 상권에 국한될 때, '반경'은 상권의 연속성이 있을 때, '다각'은 상권단절 요인이 있을 때 선택하면 된다.

상권범위 설정

상권의 범위는 예상점포를 중심으로 반경 500미터를 1차 상권, 1,000미터를 2차 상권으로 구분한다. 1차 상권은 잠재 고객이 점포까지 도보로 10분 내 도달할 수 있는 거리를 말한다. 1차 상권은 전체매출의 75%가 발생하게 된다. 1차 상권이 좋아야 함은 당연하다. 2차 상권은 거리상 도보대신 차량을 이용할 비율이 높다. 방문율은 1차 상권보다 낮아질 수밖에 없다. 25%의 매출이 2차 상권에서 발생한다.

상권범위를 설정할 때 상권정보시스템의 지도에만 의존하면 오류가 발생할 수 있다. 상권을 직접 방문해서 현장조사를 통한 자료를 기반으로 범위를 지정해야 한다. 온라인 상권과 오프라인 상권을 비교해 보면 차이가 있음을 알 수 있다. 지도에는 구체적으로 표현되지 않은 것들이 실제 상권에서는 확연하게 나타난다. 반드시 발품을 팔아야 하는 이유다.

현장조사를 할 때는 상권단절 요인에 주목해야 한다. 횡단보도가 없는 6차선 이상의 자동차 전용도로, 상권을 통과하는 철로, 도시공원, 초중등학교, 도시하천, 하천 물의 범람을 막기 위해 설치한 둑 등은 상권을 단절하는 요인이 된다. 상권단절 요인이 많을수록 상권은 축소되고 상권의 비활성화는 물론 성장가능성도 그만큼 낮아진다.

상권범위를 설정할 때는 1, 2차 상권을 구분해야 한다. 다만 상권단절 요인이 클 경우에는 설정하지 않을 수 있다. 좋은 상권은 배후지가 잘 발달되어 있다. 배후지란 상권의 배후에 있는 잠재고객이 존재하는 지역을 말한다. 상권의 배후지는 인구밀도가 높고 잠재고객의 사회적, 경제적 수준이 높을수록 최상의 배후지가 된다. 대단위 아파트단지나 오피스 밀집지역이 이에 해당한다. 좋은 상권은 좋은 배후지를 가지고 있다.

상권은 가변성을 지니고 있다. 좋은 상권일지라도 새로운 배후상권이 형성되면 상권이 양분되고 흡입력은 축소된다. 상권분석을 할 때는 향후 도시계획 여부를 파악해야 한다. 국토교통부 토지이용규제정보서비스(http://luris.molit.go.kr/web/index.jsp), ONnara부동산정보통합포털(http://www.onnara.go.kr)에서 확인이 가능하다.

〈그림 29〉는 1, 2차 상권의 범위를 보여주고 있다. • 원형은 1차 상권에 한정된다. • 반경은 상권규모에 따른 1, 2차 상권을 설정한 사례며 • 다각은 단절요인에 의한 상권에 해당된다.

〈그림 29〉 상권의 범위

자료: 소상공인상권정보시스템_저자 재구성

상권단절 요인 사례

상권의 연속성이 없으면 고객의 발길은 이어지지 않는다. 소비자는 작은 불편함도 싫어한다. 지역과 상권은 달라도 소비자심리는 동일하다. 상권입지의 불리함으로 어려움을 겪는 업소들의 공통점은 상권단절에 따른 고객유입의 한계에서 비롯된다.

〈그림 30〉은 컨설팅수행 업소 중 상권단절 요인이 또렷한 특징을 가진 상권사례를 제시하였다. 보는 바와 같이 이들 상권은 자연지형물과 인공지형물을 포함하고 있다. 그뿐만 아니라 상권의 상당부분을 학교가 점유하고 있어 안 좋은 상권임을 알 수 있다. 공통적 특징으로 치명적 단절요인이 될 수 있는 상권 외측에 점포가 입지하고 있다는 것이다. 단절 요인이 큰 상권은 매출발생이 미미할 수밖에 없다. 저자의 컨설팅 사례 통계를 보면, 상권이 단절된 업소의 매출은 활성화된 상권 업소매출의 20~30%에 불과한 수준이다.

〈그림 30〉 상권단절 요인 사례

자료: 소상공인상권정보시스템_저자 재구성

상권통계의 가치

소상공인상권정보시스템은 통계를 기반으로 상권 파악에 유용한 정보를 제공하고 있다. 점포이력, 업종별매출추정, 인구·주거형태 등 상권 전반을 아우르는 신뢰성 높은 자료를 무료지원한다.

통계자료는 해당상권에서 발생하는 수많은 현상들을 수치화하여 평균으로 보여준다. 분석자가 쉽게 이해하도록 숫자와 그래프로 제시하고 있다. 상권분석시스템의 모든 수치는 상권의 자유현상을 나타내주는 의미를 가지고 있다. 출력한 상권분석 자료를 취합하여 비교하면 시장진입과 사업전략을 어떻게 구사할 것인지 명확해진다. 또한 사업개시 후 일어날지도 모를 위협요인도 예측할 수 있게 된다. 창업에 유효한 상권분석시스템을 잘 활용하여 진입상권의 속성을 통찰하기 바란다. 〈그림 31〉은 소상공인상권정보시스템의 분석 메뉴 항목이다. 관심항목분석과 전체분석이 가능하다. 분석된 자료를 출력하면 상권분석보고서가 완성된다.

〈그림 31〉 상권분석 메뉴별 항목

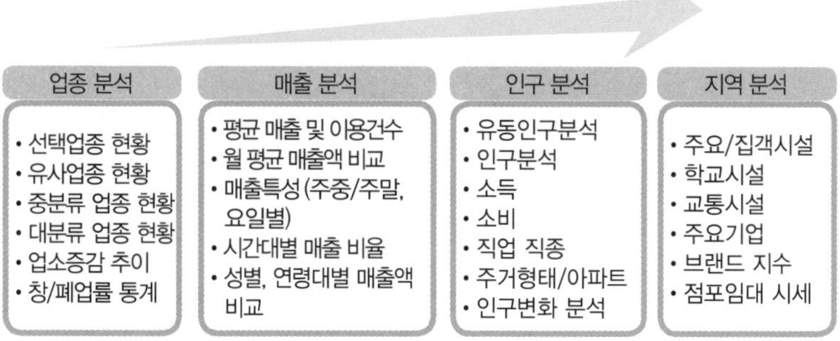

업종 분석	매출 분석	인구 분석	지역 분석
• 선택업종 현황 • 유사업종 현황 • 중분류 업종 현황 • 대분류 업종 현황 • 업소증감 추이 • 창/폐업률 통계	• 평균 매출 및 이용건수 • 월 평균 매출액 비교 • 매출특성(주중/주말, 요일별) • 시간대별 매출 비율 • 성별, 연령대별 매출액 비교	• 유동인구분석 • 인구분석 • 소득 • 소비 • 직업 직종 • 주거형태/아파트 • 인구변화 분석	• 주요/집객시설 • 학교시설 • 교통시설 • 주요기업 • 브랜드 지수 • 점포임대 시세

자료: 소상공인상권정보시스템_저자 재구성

04 잘 선택한 입지는 절반의 성공

가능한 자기자본만으로 회사를 운영하라. -개릿 M 캠프

점포를 기반으로 한 창업은 좋은 상권, 좋은 입지에 입점해야 한다. 그중 외식업은 전체 매출이 점포 내에서 발생한다. 구매와 섭취를 식공간에서 해결하기 때문이다. 여기서 좋은 상권이란 A급 상권만을 의미하지는 않는다. 저자가 말하는 좋은 상권은 전국 100대 상권이나 노른자위 상권만은 아니다. 음식점 거리가 잘 형성되어 있고 집객시설을 고루 갖춘, 배후지 2500세대 이상의 아파트단지가 있다면 좋은 상권이라고 보아야 한다.

하지만 좋은 상권이라 할지라도 점포입지가 안 좋으면 매출에 영향을 준다. 동일 상권이라도 입지 선택의 결과에 따라 영업 상태는 크게 달라질 수 있다는 것이다. 입지는 어떤 요인에 의해 결정되는 것일까. 첫째, 교통요인, 둘째 소비자의 심리적 요인, 셋째 경제적 요인에 의해 자연스럽게 형성된다. 이 같은 입지적 요인에 의해 형성

된 상권은 그 지역만의 소비문화가 형성된다.

일반적으로 역세권이 좋은 상권에 해당된다. 지하철은 교통이 편리하여 상권에 쉽게 접근할 수 있는 장점을 지니고 있다. 어느 곳을 가더라도 지하철역이 있는 지역은 크고 작은 상권을 형성하고 있는 것을 볼 수 있다. 역세권 중에서도 환승역세권 상권을 안정적인 상권으로 꼽는다. 풍부한 유동인구의 상당수가 상권으로 유입되기 때문이다. 환승역의 유동객은 일반역의 두 배 이상이 된다. 수도권의 경우 두 개 이상의 환승역이 많아 트리플(Triple) 역세권은 언제나 창업자들의 주요관심 상권이 되고 있다. NICEBIZMAP(www.nicebizmap.co.kr)에서 전국 유명역세권을 분석한 리포트 및 기타 상권 보고서를 제공하고 있다.

단선 역세상권 입지사례

편의상 '서대전네거리' 상권을 예로 들겠다. 〈그림 32〉 상권도와 같이 서대전네거리 역세상권은 도로망이 사통팔달하여 상권성장에 안성맞춤이다. 2007년 지하철 1호선 개통과 함께 상권은 활황세를 이어가고 있다. 지하철 서대전네거리역 중심으로 1차상권인 반경 500미터 범주에 아파트 5천여 가구, 주거와 직장인 2만6천여 명의 인구가 상권을 받쳐주고 있다.

서대전네거리 상권의 외식고객 주요 동선은 지하철 3, 4번 출구와 대로변 버스정류장에서 시작된다. 센트리아 오피스텔 앞 버스승

강장은 13개 노선이 경유하여 유동인구의 발생역할을 한다. B구역과 D구역 사이에는 삼성아파트 방향으로 주차장을 갖추고 있어 승용차로 접근할 수 있다.

상권실사를 해보면 유동인구의 동선은 무언의 약속처럼 정해져 있다. 언제나 동일한 방향으로 이동한다. 각자 고유특성은 다르지만 이동 심리는 같다고 할 수 있다. 누구나 어두운 길, 인적이 드문 휑한 길을 좋아하지 않는다. 어느 상권을 불문하고 기피하는 동선은 존재하기 마련이다. 유동인구의 발길이 뜸한 이동로는 이러한 이유로 상업 활동이 부진한 상권이 된다.

〈그림 32〉 역세상권 입지사례

자료: 소상공인상권정보시스템_재구성

〈그림 32〉의 상권과 같이 여러 개의 블록(Block)을 형성하고 있으면, 구역을 설정하여 입지를 평가해야 한다. 동일상권에서도 시작

지점과 끝 지점의 매출간극은 예상보다 크게 발생한다. 창업자라면 누구나 좋은 입지의 점포를 임차하고 싶겠지만, 자금사정이 여의치 않을 경우 제2의 점포를 물색해야 한다. 이럴 경우를 대비해서 구역별 A, B, C 입지를 측정하면 도움이 된다.

〈표 20〉 일반적인 우수점포의 입지조건

세 부 내 용
10층 이상 대형건물이 5개 이상 밀집된 지역
2,000세대 이상의 대규모 아파트단지나 주택단지
지하철역으로 부터 300m 이내인 지역
버스정류장으로 부터 100m 이내인 지역
버스정류장에 정차하는 버스가 노선 5대 이상인 지역
고교 이상 대학가 주변 정문의 500m 이내, 후문 300m 이내인 지역
버스종착역 반경 500m 이내
버스, 지하철역으로부터 주택으로 들어오는 입구 모퉁이
편도 2차선, 3거리 이상 가로의 200m 이내인 지역
동일 가로 200m 이내에 동업종이 없는 지역
반경 500m 이내에 동업종이 3개 이상 없는 지역
인구이동이 심한 지역인 경우 전입해오는 추세인 지역 또는 고정인구 2만 명, 고정세대 5천 세대 이상인 지역
기타 업종에 상응하는 시간대별 유동인구 및 주거인구가 부합하는 지역 등

자료: 소상공인지원센터/제과점 창업가이드. 2004.

입지조사는 여러 차례에 걸쳐 실사를 해야 한다. 조사 횟수가 반복될 때마다 새로운 것을 발견하게 되고 해당상권에 대한 통찰력을 지니게 된다. 입지조사와 병행해야 하는 것이 유동인구 통행량 파악이다. 요일별과 점심, 저녁시간대별로 유동인구의 주요 동선을 파악하고 성별 · 연령별로 측정해야 한다. 유동인구 조사를 통해 추출한 정보를 근거로 입지를 결정하고 주력메뉴를 선정해야 한다.

유동인구조사를 위해서는 〈표 21〉과 같은 '유동인구분석' 워크시트(Worksheet)를 준비해야 한다.

〈표 21〉 유동인구분석

조사지점	주소					주요 시설물			
조사일자	년 월 일				요일			날씨		
연령대	10대		20대		30대		40대		50대 이상	
성별	남	여	남	여	남	여	남	여	남	여
조사 시간										
소계										
유동인구합계										

자료: 소상공인진흥원

유동인구조사 후 자료를 분석하여 시사점을 도출해야 한다. 통행량이 많은 연령대 위주로 주·야간 통행인의 속성과 주요 시사점을 요약해주기 바란다. 〈표 22〉 참조.

〈표 22〉 유동인구 속성 및 시사점

구분	세부내용									
조사기간	년 월 일 ~ 년 월 일									
조사지점	주소					주요 시설물				
연령대	10대		20대		30대		40대		50대 이상	
성별	남	여	남	여	남	여	남	여	남	여
소계										
합계										
유동인구 속성	주간 통행인					야간 통행인				
주요시사점										

자료: 소상공인진흥원

입지후보가 압축되면 관련업소 '미스터리 시식'을 통해 인기메뉴, 서비스방식, 식공간 분위기 등을 파악, 창업자와의 경쟁수준을 비교해야 한다. 향후 경쟁관계가 될 업체의 매출규모 추정도 필요하다.

매출을 추정하기 위해서는 경쟁업체 메뉴의 평균가격을 구해야 한다. 테이블 수를 파악한다 ⇨ 회전율을 추정한다 ⇨ 회전율은 테이블이 만석일 경우 1회전으로 한다 ⇨ 점심과 저녁시간대를 심층관찰하면 근접한 판매회전율을 추정해 낼 수 있다. 그다음 월 영업일 수를 곱한다. 산출식은 다음과 같다.

메뉴평균가격 × 테이블 수 × 회전율 × 월 영업일수 = 추정매출액

경쟁업체 매출분석은 쉬운 일은 아니다. 한두 번 관찰만으로는 신뢰도가 낮을 수밖에 없다. 보다 근접한 추정을 위해서는 1주일의 심층관찰이 필요하다. 매출추정에 필요한 도구는 휴대용 계수기와 필기구만 있으면 된다. 점포를 방문하는 고객수를 외부에서 카운트 한 후 메뉴평균가격을 곱하면 된다. 한 주간 조사한 매출액을 평균으로 나누면 일일 매출을 추정할 수 있다. 경쟁업체 매출추정은 정확할 수 없지만 경쟁자의 영업상태를 대략적이나마 알 수 있다는 유의미함을 담고 있다.

유동인구분석을 통해 도출한 시사점은 입지결정과 메뉴구성, 영업 전략을 수립하는 데 좋은 자료가 된다. 입지는 결정하는 순간, 전환이 불가능하다. 임대차계약서를 작성하기 직전까지 면밀하게 분석하여 후회하지 않는 점포를 선택하기 바란다.

05

점포계약은 신중하고 꼼꼼하게

돌다리도 두들겨 보고 건너라. – 한국 속담

점포입지는 접근성이 편리해야 한다. 버스정류장, 지하철역에서 2, 3분 내의 보행거리가 적당하다. 지형은 평평하고 일(一)자형이 아닌 기역(ㄱ)자형 모퉁이 점포가 좋다. 모퉁이 점포는 또렷하게 잘 드러나 가시성이 양호하다. 고객흡입력도 높은 편이다. 점포위치를 설명할 때도 상대방이 쉽게 인지할 수 있다. 점포전면이 넓어야 유동객의 시야에 잘 들어온다. 좁은 점포대비 두 배의 노출효과가 있다.

점포입지 결정을 위해서는 〈표 23〉과 같이 점포선택 포인트를 체크, 점수화하면 판단하는 기준이 될 수 있다. 점포평가 합계점수가 130이하로 산출된다면 계약여부를 신중하게 고려해야 한다.

평가배점

A : 매우양호 10 / B : 양호 8 / C : 보통 6 / D : 미흡 4 / E : 불량 2

〈표 23〉 점포선택 체크포인트

구분	항목	배점	평점
건축물	임대인은 외식사업을 하고 있지 않는가.	⑩ ⑧ ⑥ ④ ②	
	임대인은 등기부등본에 기재된 소유자와 동일한가.	⑩ ⑧ ⑥ ④ ②	
	등기부등본 상 근저당권설정금액이 지나치게 높지는 않는가.	⑩ ⑧ ⑥ ④ ②	
	점포전면은 시력이 미칠 수 있는 충분한 넓이인가.	⑩ ⑧ ⑥ ④ ②	
	점포출입구는 계단이나 높낮이가 있어 불편하지 않는가.	⑩ ⑧ ⑥ ④ ②	
	화장실은 남·여 구분되어 있으며, 정화조 용량은 점포규모와 적정한가.	⑩ ⑧ ⑥ ④ ②	
	건축물의 노후상태는 어느 정도인가.	⑩ ⑧ ⑥ ④ ②	
	임대면적의 공용면적비율이 지나치게 높지는 않은가.	⑩ ⑧ ⑥ ④ ②	
영업관련	권리금이 터무니없이 싸지는 않는가? 건물하자, 이중계약 등.	⑩ ⑧ ⑥ ④ ②	
	임차인이 자주 바뀌는 점포는 아닌가.	⑩ ⑧ ⑥ ④ ②	
	점포주가 말한 매출과 추정매출과의 차이는 어느 정도인가.	⑩ ⑧ ⑥ ④ ②	
	권리금을 비싸게 받기위해 위장된 손님을 동원한 흔적은 없는가.	⑩ ⑧ ⑥ ④ ②	
	저녁손님이 일찍 끊어지지는 않는가.	⑩ ⑧ ⑥ ④ ②	
	주방설비, 매장설비는 정상 사용하고 작동하는가.	⑩ ⑧ ⑥ ④ ②	
	전기, 가스, 수도료, 포스단말기 리스요금 등은 미납되지 않았는가.	⑩ ⑧ ⑥ ④ ②	
	소방관련 시설은 갖추어져 있는가.	⑩ ⑧ ⑥ ④ ②	
	상업용 전기용량은 적정한가.	⑩ ⑧ ⑥ ④ ②	
평점총계			

자료: 소상공인진흥원

권리금의 법적 보호

국토교통부 2016년 자료에 따르면, 전국 7대 광역도시 상가의 약 70%가 권리금이 존재하는 것으로 조사 되었다. 권리금은 오랜 과거부터 상가거래의 필수비용으로 인정되어 왔으며 종종 분쟁의 원인이 되었다. 비싼 권리금 때문에 상가임차를 포기하는 사례도 적지 않았다. 이 때문에 '권리금 폭탄'이란 말이 유행어처럼 떠돌기도 했다.

권리금으로 인한 분쟁사례가 사회문제로 부상하자 마침내 정부가 문제해결에 나섰다. 2015년 5월 13일 공포·시행한 '상가건물 임대차보호법 개정안'이 소상공인의 권리금회수 기회를 보장한 '권리금보호법'이다. 이에 따라 상가임차인들은 권리금 회수를 법으로 보장받게 되었다. 단 '상가건물 임대차 권리금계약서'(표 26)을 작성했을 때, 효력을 인정받을 수 있다는 점을 명심하기 바란다.

개정된 상가건물 임대차보호법에 따르면 "임대인은 임대차기간이 끝나기 3개월 전부터 임대차 종료시까지 다음 각 호의 어느 하나에 해당하는 행위를 함으로써 권리금 계약에 따라 임차인이 주선한 신규임차인이 되려는 자로부터 권리금을 지급받는 것을 방해하여서는 아니 된다." 고 명시되어 있다.

상가건물 임대차보호법 권리금 관련조항 보기(부록 참조)

권리금의 정의

① 권리금이란 임대차 목적물인 상가건물에서 영업을 하는 자 또는 영업을 하려는 자가 영업시설, 비품, 거래처, 신용, 영업상의 노하우, 상가건물의 위치에 따른 영업상의 이점 등 유형·무형의 재산적 가치의 양도 또는 이용대가로서 임대인, 임차인에게 보증금과 차임 이외에 지급하는 금전 등의 대가를 말한다. ② 권리금 계약이란 신규임차인이 되려는 자가 임차인에게 권리금을 지급하기로 하는 계약을 말한다. (상가권리금임대차보호법 제10조의3(권리금의 정의 등))

〈표 24〉 광역시별 평균 권리금 수준

구분	전체	서울	부산	대구	인천	광주	대전	울산
평균 (만 원)	4,574	5,400	3,913	3,944	4,189	4,851	4,302	2,619
평균 면적(㎡)	103.9	97.6	114.3	100.5	97.6	123.2	106.5	113.4
㎡당 평균 (만 원/㎡)	76.0	106.2	56.9	61.3	54.4	52.2	54.4	32.4

자료: 국토교통부 2016년 5월 현재

〈표 25〉 광역시별 평균 권리금 구간 현황

(단위 : %)

구분	전체	서울	부산	대구	인천	광주	대전	울산
전체	100	100	100	100	100	100	100	100
1천만 원 이하	17.8	9.5	23.0	22.8	21.2	22.4	28.5	25.9
1천만 원～3천만 원	33.2	29.1	32.8	35.8	36.7	32.7	28.5	58.7
3천만 원～5천만 원	21.6	25.8	20.7	16.9	21.5	21.3	17.1	9.5
5천만 원～7천만 원	7.2	9.2	5.9	6.9	6.2	4.8	7.3	2.2
7천만 원～1억 원	11.0	14.6	10.3	9.7	7.0	7.6	11.1	2.2
1억 원～2억 원	6.5	8.8	5.8	5.0	3.6	7.1	6.3	1.3
2억 원 초과	2.6	3.0	1.5	3.0	3.8	4.1	1.1	0.3

자료: 국토교통부 2016년 5월 현재

점포선택을 결정했다면 계약을 할 차례다. 계약에 앞서 체크할 부문이 더 있다. 비품과 설비항목을 미리 준비해 기록하고 사진으로도 증거를 남겨놓아야 한다. 계약 후 점포 인수를 하고나면 비품의 일부가 없는 사례가 발견된다.

상가건물 임대차 권리금계약서 〈표 26〉, 상가건물 임대차 표준계약서 〈표 27〉을 제시하였다. 계약서 내용을 사전에 숙지한 후 실질적 계약에 임하면 미숙지로 인한 착오행위를 예방할 수 있다.

〈표 26〉 상가건물 임대차 권리금계약서

이 계약서는 「상가건물 임대차보호법」을 기준으로 만들었습니다. 작성시 **【작성요령】**(별지)을 꼭 확인하시기 바랍니다.

상가건물 임대차 권리금계약서

임차인(이름 또는 법인명 기재)과 신규임차인이 되려는 자(이름 또는 법인명 기재)는 아래와 같이 권리금 계약을 체결한다.

※ 임차인은 권리금을 지급받는 사람을, 신규임차인이 되려는 자(이하 「신규임차인」이라한다)는 권리금을 지급하는 사람을 의미한다.

[임대차목적물인 상가건물의 표시]

소 재 지		상 호	
임대면적		전용면적	
업 종		허가(등록)번호	

[임차인의 임대차계약 현황]

임 대 차 관 계	임차보증금		월 차 임	
	관 리 비		부가가치세	별도( ), 포함( )
	계약기간	년 월 일부터	년 월	일까지(월)

[계약내용]

제1조(권리금의 지급) 신규임차인은 임차인에게 다음과 같이 권리금을 지급한다.

총 권리금	금 원정(₩)
계 약 금	금 원정은 계약시에 지급하고 영수함. 영수자((인))
중 도 금	금 년 월 일에 지급한다.
잔 금	금 년 월 일에 지급한다. ※ 잔금지급일까지 임대인과 신규임차인 사이에 임대차계약이 체결되지 않는 경우 임대차계약 체결일을 잔금지급일로 본다.

제2조(임차인의 의무) ① 임차인은 신규임차인을 임대인에게 주선하여야 하며, 임대인과 신규임차인 간에 임대차계약이 체결될 수 있도록 협력하여야 한다.

② 임차인은 신규임차인이 정상적인 영업을 개시할 수 있도록 전화가입권의 이전, 사업등록의 폐지 등에 협력하여야 한다.

③ 임차인은 신규임차인이 잔금을 지급할 때까지 권리금의 대가로 아래 유형·무형의 재산적 가치를 이전한다.

유형의 재산적 가치	영업시설·비품 등
무형의 재산적 가치	거래처, 신용, 영업상의 노하우, 상가건물의 위치에 따른 영업상의 이점 등

※ 필요한 경우 이전 대상 목록을 별지로 첨부할 수 있다.

④ 임차인은 신규임차인에게 제3항의 재산적 가치를 이전할 때까지 선량한 관리자로서의 주의의무를 다하여 제3항의 재산적 가치를 유지·관리하여야 한다.

⑤ 임차인은 본 계약체결 후 신규임차인이 잔금을 지급할 때까지 임차목적물상 권리관계, 보증금, 월차임 등 임대차계약 내용이 변경된 경우 또는 영업정지 및 취소, 임차목적물에 대한 철거명령 등 영업을 지속할 수 없는 사유가 발생한 경우 이를 즉시 신규임차인에게 고지하여야 한다.

- 1 / 3 -

제3조(임대차계약과의 관계) 임대인의 계약거절, 무리한 임대조건 변경, 목적물의 훼손 등 임차인과 신규임차인의 책임 없는 사유로 임대차계약이 체결되지 못하는 경우 본 계약은 무효로 하며, 임차인은 지급받은 계약금 등을 신규임차인에게 즉시 반환하여야 한다.

제4조(계약의 해제 및 손해배상) ① 신규임차인이 중도금(중도금 약정이 없을 때는 잔금)을 지급하기 전까지 임차인은 계약금의 2배를 배상하고, 신규임차인은 계약금을 포기하고 본 계약을 해제할 수 있다.

② 임차인 또는 신규임차인이 본 계약상의 내용을 이행하지 않는 경우 그 상대방은 계약상의 채무를 이행하지 않은 자에 대해서 서면으로 최고하고 계약을 해제할 수 있다.

③ 본 계약체결 이후 임차인의 영업기간 중 발생한 사유로 인한 영업정지 및 취소, 임차목적물에 대한 철거명령 등으로 인하여 신규임차인이 영업을 개시하지 못하거나 영업을 지속할 수 없는 중대한 하자가 발생한 경우에는 신규임차인은 계약을 해제하거나 임차인에게 손해배상을 청구할 수 있다. 계약을 해제하는 경우에도 손해배상을 청구할 수 있다.

④ 계약의 해제 및 손해배상에 관하여는 이 계약서에 정함이 없는 경우 「민법」의 규정에 따른다.

[특약사항]

본 계약을 증명하기 위하여 계약 당사자가 이의 없음을 확인하고 각각 서명 또는 날인한다.

년 월 일

임 차 인	주 소					(인)
	성 명		주민등록번호		전화	
대 리 인	주 소					
	성 명		주민등록번호		전화	
신규임차인	주 소					(인)
	성 명		주민등록번호		전화	
대 리 인	주 소					
	성 명		주민등록번호		전화	

- 2 / 3 -

별지)

작 성 요 령

1. 이 계약서는 권리금 계약에 필요한 기본적인 사항만을 제시하였습니다. 따라서 권리금 계약을 체결하려는 당사자는 이 표준계약서와 **다른 내용을 약정할 수 있습니다.**

2. 이 계약서의 일부 내용은 현행 「상가건물임대차보호법」을 기준으로 한 것이므로 계약 당사자는 법령이 개정되는 경우에는 개정내용에 부합되도록 기존의 계약을 수정 또는 변경할 수 있습니다. 개정법령에 **강행규정이 추가되는 경우**에는 반드시 그 개정규정에 따라 계약내용을 수정하여야 하며, 수정계약서가 작성되지 않더라도 **강행규정에 반하는 계약내용은 무효로 될 수 있습니다.**

3. 임차인이 신규임차인에게 이전해야 할 대상은 **개별적으로 상세하게 기재**합니다. 기재되지 않은 시설물 등은 이 계약서에 의한 이전 대상에 포함되지 않습니다.

4. 계약내용 제3조 **"무리한 임대조건 변경"** 등의 사항에 대해 구체적으로 특약을 하면, 추후 임대차 계약조건에 관한 분쟁을 예방할 수 있습니다.
   (예: 보증금 및 월차임 oo% 인상 등)

5. 신규임차인이 임차인이 영위하던 **영업을 양수**하거나, 임차인이 사용하던 **상호를 계속사용**하는 경우, **상법 제41조(영업양도인의 경업금지)**, **상법 제42조(상호를 속용하는 양수인의 책임)** 등 상법 규정을 참고하여 특약을 하면, 임차인과 신규임차인간 분쟁을 예방할 수 있습니다.
   (예: 임차인은 oo동에서 음식점 영업을 하지 않는다, 신규임차인은 임차인의 영업상의 채무를 인수하지 않는다 등)

> 상법 제41조(영업양도인의 경업금지) ①영업을 양도한 경우에 다른 약정이 없으면 양도인은 10년간 동일한 특별시·광역시·시·군과 인접 특별시·광역시·시·군에서 동종영업을 하지 못한다.
>
> ②양도인이 동종영업을 하지 아니할 것을 약정한 때에는 동일한 특별시·광역시·시·군과 인접 특별시·광역시·시·군에 한하여 20년을 초과하지 아니한 범위내에서 그 효력이 있다.

> 상법 제42조(상호를 속용하는 양수인의 책임) ①영업양수인이 양도인의 상호를 계속 사용하는 경우에는 양도인의 영업으로 인한 제3자의 채권에 대하여 양수인도 변제할 책임이 있다.
>
> ②전항의 규정은 양수인이 영업양도를 받은 후 지체없이 양도인의 채무에 대한 책임이 없음을 등기한 때에는 적용하지 아니한다. 양도인과 양수인이 지체없이 제3자에 대하여 그 뜻을 통지한 경우에 그 통지를 받은 제3자에 대하여도 같다.

- 3 / 3 -

자료: 법무부 홈페이지

임대차 계약을 할 때는 임대인이 등기부등본에 기재된 소유자와 동일한가를 필히 확인해야 한다. 표준계약서 여부도 확인이 필요하다. 만일 법적 분쟁이 발생하면 효력의 범위가 달라질 수 있다.

〈표 27〉 상가건물 임대차 표준계약서

이 계약서는 법무부에서 국토교통부·서울시·중소기업청 및 학계 전문가와 함께 민법, 상가건물 임대차보호법, 공인중개사법 등 관계법령에 근거하여 만들었습니다. 법의 보호를 받기 위해 **【중요확인사항】**(별지)을 꼭 확인하시기 바랍니다.

□보증금 있는 월세
□전세 □월세

상가건물 임대차 표준계약서

임대인(이름 또는 법인명 기재)과 임차인(이름 또는 법인명 기재)은 아래와 같이 임대차 계약을 체결한다

[임차 상가건물의 표시]

소 재 지				
토 지	지목		면적	㎡
건 물	구조·용도		면적	㎡
임차할부분			면적	㎡
유의사항: 임차할 부분을 특정하기 위해서 도면을 첨부하는 것이 좋습니다.				

[계약내용]

제1조(보증금과 차임) 위 상가건물의 임대차에 관하여 임대인과 임차인은 합의에 의하여 보증금 및 차임을 아래와 같이 지급하기로 한다.

보 증 금	금 원정(₩)
계 약 금	금 원정(₩)은 계약시에 지급하고 수령함. 수령인 (인)
중 도 금	금 원정(₩)은 ____년 ____월____일에 지급하며
잔 금	금 원정(₩)은 ____년 ____월____일에 지급한다
차임(월세)	금 원정(₩)은 매월 일에 지급한다. 부가세 □ 불포함 □ 포함 (입금계좌:)
환산보증금	금 원정(₩)
유의사항: ① 당해 계약이 환산보증금을 초과하는 임대차인 경우 확정일자를 부여받을 수 없고, 전세권 등을 설정할 수 있습니다 ② 보증금 보호를 위해 등기사항증명서, 미납국세, 상가건물 확정일자 현황 등을 확인하는 것이 좋습니다 ※ 미납국세·선순위확정일자 현황 확인방법은 "별지"참조	

제2조(임대차기간) 임대인은 임차 상가건물을 임대차 목적대로 사용·수익할 수 있는 상태로 ____년 ____월 ____일까지 임차인에게 인도하고, 임대차기간은 인도일로부터 ____년 ____월 ____일까지로 한다.

제3조(임차목적) 임차인은 임차 상가건물을 ____(업종)을 위한 용도로 사용한다.

제4조(사용·관리·수선) ① 임차인은 임대인의 동의 없이 임차 상가건물의 구조·용도 변경 및 전대나 임차권 양도를 할 수 없다.

② 임대인은 계약 존속 중 임차 상가건물을 사용·수익에 필요한 상태로 유지하여야 하고, 임차인은 임대인이 임차 상가건물의 보존에 필요한 행위를 하는 때 이를 거절하지 못한다.

③ 임차인이 임대인의 부담에 속하는 수선비용을 지출한 때에는 임대인에게 그 상환을 청구할 수 있다.

제5조(계약의 해제) 임차인이 임대인에게 중도금(중도금이 없을 때는 잔금)을 지급하기 전까지, 임대인은 계약금의 배액을 상환하고, 임차인은 계약금을 포기하고 계약을 해제할 수 있다.

제6조(채무불이행과 손해배상) 당사자 일방이 채무를 이행하지 아니하는 때에는 상대방은 상당한 기간을 정하여 그 이행을 최고하고 계약을 해제할 수 있으며, 그로 인한 손해배상을 청구할 수 있다. 다만, 채무자가 미리 이행하지 아니할 의사를 표시한 경우의 계약해제는 최고를 요하지 아니한다.

제7조(계약의 해지) ① 임차인은 본인의 과실 없이 임차 상가건물의 일부가 멸실 기타 사유로 인하여 임대차의 목적대로 사용, 수익할 수 없는 때에는 임차인은 그 부분의 비율에 의한 차임의 감액을 청구할 수 있다. 이 경우에 그 잔존부분만으로 임차의 목적을 달성할 수 없는 때에는 임차인은 계약을 해지할 수 있다.

② 임대인은 임차인이 3기의 차임액에 달하도록 차임을 연체하거나, 제4조 제1항을 위반한 경우 계약을 해지할 수 있다.

- 1 / 3 -

제8조(계약의 종료와 권리금회수기회 보호) ① 계약이 종료된 경우에 임차인은 임차 상가건물을 원상회복하여 임대인에게 반환하고, 이와 동시에 임대인은 보증금을 임차인에게 반환하여야 한다.

② 임대인은 임대차기간이 끝나기 3개월 전부터 임대차 종료 시까지 「상가건물임대차보호법」 제10조의4제1항 각 호의 어느 하나에 해당하는 행위를 함으로써 권리금 계약에 따라 임차인이 주선한 신규임차인이 되려는 자로부터 권리금을 지급받는 것을 방해하여서는 아니 된다. 다만, 「상가건물임대차보호법」 제10조제1항 각 호의 어느 하나에 해당하는 사유가 있는 경우에는 그러하지 아니하다.

③ 임대인이 제2항을 위반하여 임차인에게 손해를 발생하게 한 때에는 그 손해를 배상할 책임이 있다. 이 경우 그 손해배상액은 신규임차인이 임차인에게 지급하기로 한 권리금과 임대차 종료 당시의 권리금 중 낮은 금액을 넘지 못한다.

④ 임차인은 임대인에게 신규임차인이 되려는 자의 보증금 및 차임을 지급할 자력 또는 그 밖에 임차인으로서의 의무를 이행할 의사 및 능력에 관하여 자신이 알고 있는 정보를 제공하여야 한다.

제9조(재건축 등 계획과 갱신거절) 임대인이 계약 체결 당시 공사시기 및 소요기간 등을 포함한 철거 또는 재건축 계획을 임차인에게 구체적으로 고지하고 그 계획에 따르는 경우, 임대인은 임차인이 상가건물임대차보호법 제10조제1항 제7호에 따라 계약갱신을 요구하더라도 계약갱신의 요구를 거절할 수 있다.

제10조(비용의 정산) ① 임차인은 계약이 종료된 경우 공과금과 관리비를 정산하여야 한다.

② 임차인은 이미 납부한 관리비 중 장기수선충당금을 소유자에게 반환 청구할 수 있다. 다만, 임차 상가건물에 관한 장기수선충당금을 정산하는 주체가 소유자가 아닌 경우에는 그 자에게 청구할 수 있다.

제11조(중개보수 등) 중개보수는 거래 가액의 __________% 인 ____________원(부가세 □ 불포함 □ 포함)으로 임대인과 임차인이 각각 부담한다. 다만, 개업공인중개사의 고의 또는 과실로 인하여 중개의뢰인간의 거래 행위가 무효·취소 또는 해제된 경우에는 그러하지 아니하다.

제12조(중개대상물 확인·설명서 교부) 개업공인중개사는 중개대상물 확인·설명서를 작성하고 업무보증관계증서(공제증서 등) 사본을 첨부하여 임대인과 임차인에게 각각 교부한다.

[특약사항]

① 입주전 수리 및 개량, ②임대차기간 중 수리 및 개량, ③임차 상가건물 인테리어, ④ 관리비의 지급주체, 시기 및 범위, ⑤귀책사유 있는 채무불이행 시 손해배상액예정 등에 관하여 임대인과 임차인은 특약할 수 있습니다

본 계약을 증명하기 위하여 계약 당사자가 이의 없음을 확인하고 각각 서명·날인 후 임대인, 임차인, 개업공인중개사는 매 장마다 간인하여, 각각 1통씩 보관한다. 년 월 일

임대인	주소							서명 또는 날인㊞
	주민등록번호 (법인등록번호)			전화		성명 (회사명)		
	대리인	주소		주민등록번호		성명		
임차인	주소							서명 또는 날인㊞
	주민등록번호 (법인등록번호)			전화		성명 (회사명)		
	대리인	주소		주민등록번호		성명		
개업공인중개사	사무소소재지			사무소소재지				
	사무소명칭			사무소명칭				
	대표	서명 및 날인	㊞	대표	서명 및 날인	㊞		
	등록번호		전화	등록번호		전화		
	소속공인중개사	서명 및 날인	㊞	소속공인중개사	서명 및 날인	㊞		

별지)

법의 보호를 받기 위한 중요사항! 반드시 확인하세요

< 계약 체결 시 꼭 확인하세요 >

【당사자 확인 / 권리순위관계 확인 / 중개대상물 확인·설명서 확인】

① 신분증·등기사항증명서 등을 통해 당사자 본인이 맞는지, 적법한 임대·임차권한이 있는지 확인합니다.

② 대리인과 계약 체결 시 위임장·대리인 신분증을 확인하고, 임대인(또는 임차인)과 직접 통화하여 확인하여야 하며, 보증금은 가급적 임대인 명의 계좌로 직접 송금합니다.

③ **중개대상물 확인·설명서**에 누락된 것은 없는지, 그 내용은 어떤지 꼼꼼히 확인하고 서명하여야 합니다.

【대항력 및 우선변제권 확보】

① 임차인이 **상가건물의 인도와 사업자등록**을 마친 때에는 그 다음날부터 제3자에게 임차권을 주장할 수 있고, 환산보증금을 초과하지 않는 임대차의 경우 계약서에 **확정일자**까지 받으면, 후순위권리자나 그 밖의 채권자에 우선하여 변제받을 수 있습니다.

※ 임차인은 최대한 신속히 ① 사업자등록과 ② 확정일자를 받아야 하고, 상가건물의 점유와 사업자등록은 임대차 기간 중 계속 유지하고 있어야 합니다.

② **미납국세와 확정일자 현황**은 임대인의 동의를 받아 임차인이 관할 세무서에서 확인할 수 있습니다.

< 계약기간 중 꼭 확인하세요 >

【계약갱신요구】

① 임차인이 임대차기간이 만료되기 6개월 전부터 1개월 전까지 사이에 계약갱신을 요구할 경우 임대인은 정당한 사유(3기의 차임액 연체 등, 상가건물 임대차보호법 제10조제1항 참조) 없이 거절하지 못합니다.

② 임차인의 계약갱신요구권은 최초의 임대차기간을 포함한 전체 임대차기간이 5년을 초과하지 아니하는 범위에서만 행사할 수 있습니다.

③ 갱신되는 임대차는 전 임대차와 동일한 조건으로 다시 계약된 것으로 봅니다. 다만, 차임과 보증금은 청구당시의 차임 또는 보증금의 100분의 9의 금액을 초과하지 아니하는 범위에서 증감할 수 있습니다.

※ 환산보증금을 초과하는 임대차의 계약갱신의 경우 상가건물에 관한 조세, 공과금, 주변 상가건물의 차임 및 보증금, 그 밖의 부담이나 경제사정의 변동 등을 고려하여 차임과 보증금의 증감을 청구할 수 있습니다.

【묵시적 갱신 등】

① 임대인이 임대차기간이 만료되기 6개월 전부터 1개월 전까지 사이에 임차인에게 갱신 거절의 통지 또는 조건 변경의 통지를 하지 않으면 종전 임대차와 동일한 조건으로 자동 갱신됩니다.

※ 환산보증금을 초과하는 임대차의 경우 임대차기간이 만료한 후 임차인이 임차물의 사용, 수익을 계속하는 경우에 임대인이 상당한 기간내에 이의를 하지 아니한 때에는 종전 임대차와 동일한 조건으로 자동 갱신됩니다. 다만, 당사자는 언제든지 해지통고가 가능합니다.

② 제1항에 따라 갱신된 임대차의 존속기간은 1년입니다. 이 경우, 임차인은 언제든지 계약을 해지할 수 있지만 임대인은 계약서 제8조의 사유 또는 임차인과의 합의가 있어야 계약을 해지할 수 있습니다.

< 계약종료 시 꼭 확인하세요 >

【보증금액 변경시 확정일자 날인】

계약기간 중 보증금을 증액하거나, 재계약을 하면서 보증금을 증액한 경우에는 증액된 보증금액에 대한 우선변제권을 확보하기 위하여 반드시 **다시 확정일자**를 받아야 합니다.

【임차권등기명령 신청】

임대차가 종료된 후에도 보증금이 반환되지 아니한 경우 임차인은 임대인의 동의 없이 임차건물 소재지 관할 법원에서 임차권등기명령을 받아, **등기부에 등재된 것을 확인하고 이사**해야 우선변제 순위를 유지할 수 있습니다. 이때, 임차인은 임차권등기명령 관련 비용을 임대인에게 청구할 수 있습니다.

【임대인의 권리금 회수방해금지】

임차인이 신규임차인으로부터 권리금을 지급받는 것을 임대인이 방해하는 것으로 금지되는 행위는 ① 임차인이 주선한 신규임차인이 되려는 자에게 권리금을 요구하거나, 임차인이 주선한 신규임차인이 되려는 자로부터 권리금을 수수하는 행위, ② 임차인이 주선한 신규임차인이 되려는 자로 하여금 임차인에게 권리금을 지급하지 못하게 하는 행위, ③ 임차인이 주선한 신규임차인이 되려는 자에게 상가건물에 관한 조세, 공과금, 주변 상가건물의 차임 및 보증금, 그 밖의 부담에 따른 금액에 비추어 현저히 고액의 차임 또는 보증금을 요구하는 행위, ④ 그 밖에 정당한 이유 없이 임차인이 주선한 신규임차인이 되려는 자와 임대차계약의 체결을 거절하는 행위입니다.

임대인이 임차인이 주선한 신규임차인과 임대차계약의 체결을 거절할 수 있는 정당한 이유로는 예를 들어 ① 신규임차인이 되려는 자가 보증금 또는 차임을 지급할 자력이 없는 경우, ② 신규임차인이 되려는 자가 임차인으로서의 의무를 위반할 우려가 있거나, 그 밖에 임대차를 유지하기 어려운 상당한 사유가 있는 경우, ③ 임대차 목적물인 상가건물을 1년 6개월 이상 영리목적으로 사용하지 않는 경우, ④ 임대인이 선택한 신규임차인이 임차인과 권리금 계약을 체결하고 그 권리금을 지급한 경우입니다.

- 3 / 3 -

자료: 법무부 홈페이지

'상가건물 임대차 권리금계약서' '상가건물 임대차 표준계약서' 원본파일은 국토교통부(http://www.molit.go.kr), 법무부(http://www.moj.go.kr) 홈페이지에서 다운로드 할 수 있다.

연중 외식창업의 알맞은 시기는 3~5월과 9~11월이다. 무더운 삼복과 추위가 심한 엄동설한에는 외식고객이 감소하는 경향이 있다. 길거리 유동인구도 뜸하긴 매한가지다. 비수기 외식창업은 손익분기점 도달에 어려움이 따른다. 서두르지 말고 충분한 시간과 면밀한 사업계획을 수립하여 준비된 창업을 하자.

CHAPTER

6

2등 제품이라도 1등 사장은 성공한다

◇◇◇◇◇◇◇◇◇

01 부족한 것은 채우면 된다

길이 이끄는 곳을 가지 말라. 대신 길이 없는 곳을 가서 자취를 남겨라. – 랠프 월도 에머슨

"대표님은 어떤 동기와 목적을 가지고 창업을 하셨나요?"

"……."

"음식 만드는 일에 자신 있고, 제가 만든 음식을 먹어본 사람들은 모두 맛있다고 해요."

"그리고 아이들 가르치고 먹고 살아야 하니까요."

또 다른 질문을 한다.

"창업 준비기간은 어느 정도 하셨는지요?"

"아마 3, 4개월 정도 했을걸요."

운 좋으면 간혹 6개월 이상 1년 미만도 만날 수 있다. 외식업 컨설팅을 할 때 단골로 오가는 질문과 대답이다. 10년간 컨설팅을 수행해 오며 이와 같은 대답을 가장 많이 들어왔다. 필자에게 컨설팅을 의뢰해온 업체들에 국한된다고 미리 밝혀둔다. 그러나 간과될 수

없는 것은 전국 어디를 가나 엇비슷한 대답을 한다는 사실이다.

'음식 만들기를 좋아해서', '음식솜씨가 뛰어나서', '자녀교육과 생계유지를 위해서'가 물론 창업조건과 목적이 될 수도 있다. 이들의 대답이 틀린 말은 아니다. 역지사지(易地思之) 해 보면 맞는 말이다. 대한민국 소시민 치고 생계와 자녀교육을 염두에 두지 않을 사람이 과연 몇이나 되겠는가? 그러나 위험부담이 너무 크다.

창업을 비즈니스 관점에서 좀 더 냉정한 시각으로 바라보면 생각은 달라진다. 창업은 사업을 처음 시작하는 단계다. 사업을 시작하려면 일정한 목적과 치밀한 계획을 세우고 창업 준비를 해야 한다. 일정한 목적이란 생계의 수준을 넘어선 사업의 중요한 큰 그림을 말한다. "10명이 외식창업을 하면 5년 후 8명이 망한다"는 현실에서 자녀교육과 먹고 사는 문제에 목적을 둔다면 냉혹한 창업세계에서 생존자체가 불가능하다는 얘기다.

이렇게 창업 준비과정이 단기적이고 계획이 부실하다보니, 사업을 개시해도 영업상황이 좋아지질 않는다. 시간이 갈수록 적자규모만 커지는 것은 이미 예견됐던 일이다. 그런데도 많은 창업자들이 영업이 잘되지 않는 이유를 자신이 아닌, 외부환경에 있다고 입을 모은다. 그래서 질문을 또 건넨다.

"장사가 잘 안 되는 이유가 뭔가요?"

"그거야, 경기가 안 좋은데다 식당이 워낙 많이 생겨서 그렇죠."

이 말도 틀린 말은 아니다. 하지만 경우에 따라서는 자성도 필요하다. 반성 없는 발전은 있을 수 없다. 창업은 한 번의 시행착오가

엄청난 시련을 안겨준다. 창업자 스스로 주도한 일을 외부환경에 책임을 전가하는 것은 올바른 경영자의 자세가 아님을 분명하게 짚어두고 가자.

필자는 창업에 크게 실패한 후에도 나 이외 그 무엇도 원망하지 않았다. 뼈아프게 반성하고 뉘우쳤다. 실패의 모든 원인이 자신에게 있음을 인정했다. 한때 '생각을 바꾸면 미래가 보인다'는 현수막이 관공서마다 내걸린 적이 있었다. 그 문구를 무척 좋아했다. 직접 경험했기 때문이다. 자성을 통해 생각을 바꾸고 창업한 결과, 악조건에서도 성공할 수 있었던 것이다.

사람의 행동은 생각에서 비롯된다. 사고를 어떻게 가지느냐에 따라 결과는 서로 다르게 나타난다. 필자가 창업실패의 원인을 경기 탓을 하고, 이웃 식당들 탓만 했다면 재창업에서도 성공은 죽었다 깨어나도 못 이뤘을 것이다. 그래서 이번 장에서는 예비창업자는 어떤 자세를 가지고 창업에 임해야 되는지, 사례 중심으로 다루고자 한다.

이 책의 내용을 성공담으로만 채운다면 동기부여를 제공하는 것으로 끝이 나고 만다. 동기부여의 효과는 유감스럽게도 그리 오래가지 않는다. 시간이 경과하면서 기억에서 사라지고 불과 몇 주가 지나고 나면 아예 없던 일이 되고 만다. 이것은 독자뿐만 아니라 필자 역시 그렇고, 컨설팅 현장에서도 매번 경험하는 현상이다.

컨설팅 수행이 끝난 후 업체에 어떤 변화가 있는지 확인해 보면 어김없이 이런 말을 한다.

"선생님께 컨설팅 받는 동안에는 강한 동기부여를 받아 잘할 것 같았는데, 지금은 안 되네요."

동기부여는 시간이 경과함과 동시에 소멸되는 상품의 유통기한 같은 것이다.

02 핵심가치를 정착시켜라

어려울수록 핵심가치에 집중하라. – 하워드 슐츠

인간이 살아가면서 삶이 흔들리지 않고, 중심을 유지할 수 있도록 역할해주는 것은 그 사람의 가치관이다.

기업도 별반 다르지 않다. 창업을 하고 성장해가며, 지속 가능한 기업으로 장수하기 위해서는 불변의 법칙으로 삼을 만한 핵심가치(Core value)가 있어야 한다. 핵심가치는 신조와 신념이 본질을 이루고 있다.

개인은 누구나 신조 하나쯤은 마음속에 새겨두고 있다. 불의와 타협하지 않겠다거나 혹은 근면과 성실을 최우선으로 삼겠다거나 하는 식으로 말이다. 개인의 신조, 즉 한 사람의 핵심가치는 삶의 근본이 되는 큰 줄기가 된다. 어떠한 경우에도 신조를 지키겠다는 굳건한 마음은 신념이다. 이렇듯 핵심가치는 한 사람의 삶에 지대한 영향을 준다. 따라서 개인이 갖고 있는 가치기준에 따라 삶의 방향이 다르고 인생행로가 달라진다.

기업도 마찬가지다. 여기서는 외식기업이라고 하겠다. 창업을 해서 돈을 많이 모아 좋은 집, 좋은 차를 사겠다는 목표에 그치지 않고, 신선하고 친환경적인 식재료를 사용해서 건강한 음식을 제공하겠다거나, 영업이익 일부를 소비자를 위해 재투자하겠다거나, 혹은 직원복지 향상에 힘쓰겠다고 한다면 이는 곧 외식기업의 핵심가치가 된다.

장수하는 외식기업이 되기 위해서는 견고한 핵심가치를 구축해야 한다. 그러기 위해서 창업자는 1차고객인 직원과 고객과의 관계가 원만하게 이루어져야 한다. 핵심가치가 빛을 발하려면 소통이 필요하다. 경영자와 직원, 고객이 소통의 장을 만들어 갈 때 핵심가치의 뿌리는 건실해지고 지속성장을 가능하게 한다. 소통의 선순환(善循環)은 실천 가능한 핵심가치로부터 발원한다.

외식기업의 1차고객인 직원은 가치의 핵심을 적정한 급여와 근무환경에 둔다. 이 기준에 부합하지 않으면 근무의욕이 저하된 나머지 이직을 생각하게 된다. 많은 외식업체들이 직원 이직에 고민을 하고 경우에 따라서는 영업활동에 지장을 초래하고 있다. 직원은 핵심가치를 느끼지 못하니 경영자와 소통이 될 리 없고, 더 좋은 가치 현장을 찾아 이직을 하게 된다.

한편 소비자는 음식점의 핵심가치를 음식의 맛과 서비스에 두고, 편하게 식사할 수 있는 식공간에 둔다. 그래서 소비자는 식당을 평가할 때 이렇게 말한다.

“그 식당은 맛과 서비스도 좋고 분위기도 맘에 들어 다시 갈만한 가치가 있어.”

필자가 재창업에 성공했던 주요인도 핵심가치에 중점을 두었기 때문이다. 솔직히 고백하면 당시엔 핵심가치란 용어는 몰랐다. 그러나 성공창업을 위해서는 음식 맛과 서비스가 좋아야 하고 직원과의 관계가 원만해야 하며, 고객에 대한 배려가 중요하다는 사실만큼은 염두에 두고 있었다. 핵심가치에 대해서는 알지 못했지만, 돌이켜 보면 핵심가치를 실천했던 것이다.

사람을 평가할 때도 마찬가지다. ‘그 사람은 친분을 유지할 만한 가치가 있어’ 아니면 ‘그 사람은 다시 만날 가치를 못 느낀다’ 하는 식으로 말이다. 그래서 모든 사물의 기준은 중심이 되고 그 중심을 핵심이라고 부르며, 그 속에 있는 가치를 핵심가치라고 한다.

다음 〈그림 33〉을 보면 핵심가치 형성단계와 가치문화의 정착과정을 이해할 수 있다.

〈그림 33〉 외식기업의 핵심가치 형성과 가치문화 정착과정

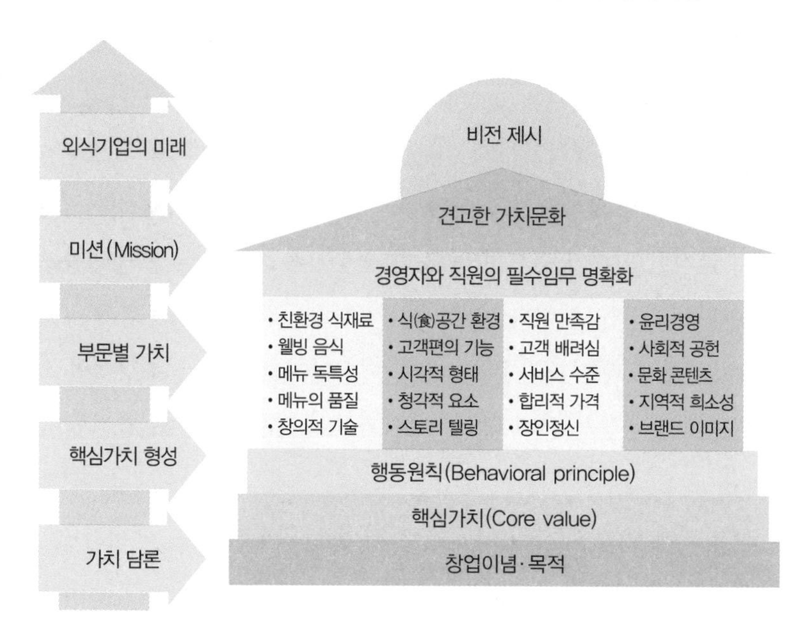

핵심가치는 어떻게 만들고 실천해야 할까. 창업자는 사업계획 수립 시 창업의 목적을 명확히 하고 가치실행의 우선순위를 정해야 한다. 핵심가치 내용의 의미는 간단명료하고 이해하기 쉬운 문구로 해야 한다. 창업자의 창업이념을 다듬어 핵심가치로 만들 수 있으며, 창업에 임하는 목적을 구체화하여 만들면 된다.

핵심가치는 기준으로 삼을 만한 외식기업을 벤치마킹 할 수도 있다. 장점을 가져와 창업자의 환경에 맞도록 만들면 된다. 한 번 만든 핵심가치는 개선의 여지가 있으면 더 좋은 방향으로 보완이나 수정을 할 수 있다.

외식기업의 핵심가치는 직원과 공유해야 한다. 이를 위해서는 실천가능하고 지속성 있는 내용으로 신뢰할 수 있는 원칙이 적용되어야 한다.

외식기업에서 핵심가치에 의한 만족스러운 경영성과를 도출하려면 가치문화가 정착되어야 한다. 가치문화의 정착을 위해서는 경영자의 굳건한 의지가 필요하다. 또한 중장기적인 부단한 노력과 추진동력에 의해 가능해진다. 외식기업의 핵심가치는 가치문화가 뿌리를 내릴 때 효과를 배가할 수 있다. 핵심가치의 정착은 부정적인 외부환경에도 영향을 받지 않는, 지속 가능한 장수기업으로 발전할 수 있다.

글머리에 인용한 하워드 슐츠 스타벅스 회장의 말은 핵심가치의 중요성을 잘 나타내 주고 있다.

03 창업역량 적성점검은 필수

성공의 비결은 목적을 향해 시종일관 하는 것이다.
– 벤저민 디즈레일리

창업자는 사업을 일으키는 일련의 활동을 통해 창업역량을 검증받게 된다. 우수한 역량으로 귀결되면 사업전개에 힘을 얻을 수 있지만, 상반된 경우엔 부진의 늪에 빠질 개연성이 매우 높다.

1등 제품과 2등 사장이 있다고 하자. 반면 2등 제품과 1등 사장이 있다면 성공확률이 누가 높을까? 정답은 후자에 속한다. 전자의 경우 우수한 제품을 가진 창업자일지라도 역량이 부족하면 사업을 성공시킬 수 없다는 결론이다. 즉 '음식 맛이 최고라고 해도 창업자가 수준 미달이면 창업에 성공할 수 없다'는 말이기도 하다.

그렇다면 창업자는 어떤 요소가 필요한 것일까? 여기서 잠깐 유용한 프로그램을 소개하겠다. 창업을 준비하는 자신이 기업가적 역량을 얼마나 갖추고 있는지 알려주는 창업적성검사다. 고용노동부

'한국고용정보원'이 개발한 적성검사는 사업지향성, 대인관계, 문제해결, 설득력 등 12개 항목으로 되어있다. 진단결과는 창업자의 역량을 '노력필요', '약간노력필요', '적합', '매우적합'까지 4단계 적합도 평가를 한다.

특히 예비창업자의 수준을 창업에 성공한 기업가와 비교함으로써 성공창업을 위해 어떤 역량이 더 필요한지를 알려준다. 검사를 통한 개인의 적성을 고려하여 외식업, 제조업 등 창업적합 업종을 1순위부터 3순위까지 추천해 준다. 창업적성검사는 창업자 역량검사를 위해 관련기관에서 많이 사용하고 있으므로 자신의 강·약점을 객관적으로 평가하는 데 도움이 된다.

그러나 창업역량 적성검사결과는 창업을 하기 위한 참고 사항일 뿐 절대적 판단기준은 아니라는 것을 미리 일러둔다. 혹시라도 검사분석결과가 만족스럽지 않게 나와도 실망하지 않기를 바란다. 완벽한 사람은 없으니 부족한 부분은 노력하여 채워 나가면 된다.

검사방법은 워크넷(http://www.work.go.kr) 회원가입 후 메인화면 직업·진로 항목을 선택, 상단 메뉴에서 직업심리검사 항목을 클릭 후 좌측 카테고리 중 직업심리검사 실시 ≫ 심리검사 목록(하단 우측) ≫ 창업적성검사 ≫ 검사 실시 ≫ 시작, 순서로 검사가 진행된다.

검사는 무료이며 20분 내외 소요된다. 검사종료를 하고 나면, 창업적성검사 결과를 바로 확인할 수 있다. 참고로 창업적성검사문항을 아래 〈표 28〉과 같이 제시하였으니 사전점검을 해 보는 것도 좋을 것이다.

〈표 28〉 고용노동부 워크넷 창업적성검사 문항

번호	문항내용	예	아니오
1	나는 나의 장래에 대한 구체적인 목표가 있다.		
2	나는 다른 사람들이 내 의견에 동의하게 하는 재능이 있다.		
3	나는 시간 관리를 잘 한다는 말을 듣는 편이다.		
4	일을 할 때 다들 사람들은 일을 어떻게 할 것인지 나에게 묻는다.		
5	남들이 나를 게으르다고 생각한다.		
6	나는 내가 창업 했을 때 단골손님이 될 사람을 많이 알고 있다.		
7	토의 주제의 결론을 잘 이끌어 내는 편이다.		
8	나의 관심분야와 관련해서 새로운 것을 해보고 싶다.		
9	내 사업이 실패 한다면 그것은 나의 책임이다.		
10	한 번 시작한 일이면 끝까지 최선을 다해 마무리한다.		
11	다른 사람들이 잘 풀지 못하는 일을 내가 참여하면 쉽게 해결되는 경우가 많다.		
12	나는 매우 활동적이며, 주변인으로 머물기보다는 리더로 활동하는 것을 좋아한다.		
13	나는 장사가 잘 되는 가게의 비결을 알고 있다.		
14	나는 남보다 더 부지런하다.		
15	나는 일을 할 때 먼저 우선순위를 정한다.		
16	내가 못 할 것이라고 남들이 말해도 나는 그 일을 해 낼 수 있다.		
17	나는 새로운 기술을 익히기 위해 노력하는 편이다.		
18	나는 유머 감각이 좋아서 남들을 잘 웃기곤 한다.		
19	나는 생활과 일에서 가장 필요한 정보가 무엇인지 알고 있다.		
20	문제 발생 시 대처 할 수 있는 다양한 방법을 가지고 있다.		
21	일단 결정된 일을 시작하면 끝을 봐야 직성이 풀린다.		
22	나는 강연회에 참석하면 주로 앞자리에 앉는 편이다.		
23	나는 나와 다른 의견을 가진 사람도 내 의견에 따라 오게 할 수 있다.		
24	나는 문제 해결을 위해 융통성을 발휘한다.		
25	회의에서 사회 나서기를 맡는다면 사회 쪽이 맞을 것이다.		
26	진행 중인 일에 뜻하지 않는 어려움이 있어도 중단하지 않는다.		

번호	문항내용	예	아니오
27	설득당하는 것보다 설득하는 편이다.		
28	처음 사람을 만나는 자리에서 사람들이 나에 대해 더 잘 알도록 애쓴다.		
29	한 가지 일을 끝까지 해내는 편이다.		
30	내가 관심 있어 하는 것들과 관련된 구체적인 정보를 가지고 있다.		
31	남 앞에서 스스럼없이 자기소개를 한다.		
32	나는 모임을 잘 리드 한다.		
33	내가 창업하고 싶은 분야를 선도하는 서비스, 기술, 제품을 알고 있다.		
34	나는 말을 조리 있게 할 수 있다.		
35	나는 일 할 때 성실한 것을 가장 중요시 생각한다.		
36	나는 창업을 하여 성공 할 수 있다.		
37	나는 내 인생의 이루고자 하는 목표가 뚜렷하다.		
38	나는 요즘 자기 개발을 위해 하는 것이 있다.		
39	나는 주도적이다.		
40	나는 사업 아이템에 따라 장사가 잘 되는 곳을 알고 있다.		
41	새로운 것을 배우기 위해 돈을 아끼지 않는다.		
42	개인의 성공과 실패는 운보다는 개인의 노력 여하에 달려 있다.		
43	나는 어려운 문제를 접해도 비교적 정확한 결정을 내린다.		
44	나는 일을 효율적으로 한다.		
45	내가 내린 결정들에 대해 거의 후회하지 않는다.		
46	일을 할 때 발생 할 수 있는 문제에 대한 대비책을 같이 준비한다.		
47	항상 무언가를 더 배우고 싶다.		
48	나는 처음 만나는 사람 앞에서도 자신감이 있다.		
49	다양한 사람을 만나는 일이 좋다.		
50	나는 자신 있게 나를 표현할 수 있다.		
51	나는 주어진 목표에 동참하도록 타인을 잘 설득할 수 있다.		
52	나는 한 번 시작한 일은 결말을 본다.		

번호	문항내용	예	아니오
53	나는 일을 시작 할 때 정보 수집을 많이 한다.		
54	내 자신의 일에 대해 높은 기준을 세우고, 그것을 달성하려고 노력한다.		
55	나는 다른 사람을 설득하는 능력을 갖고 있다.		
56	현재의 나의 상황을 파악하고 앞으로의 계획을 세운다.		
57	나는 비교적 어려운 문제도 해결 할 자신이 있다.		
58	나는 친구를 만나는 데 많은 시간을 할애한다.		
59	하나의 목표를 달성하면 더 높은 목표를 세운다.		
60	문제가 생기면, 그것을 해결 할 나만의 해결방법이 있다.		
61	나는 내가 필요한 것을 얻기 위해 다른 사람을 잘 설득할 수 있다.		
62	다른 사람에게 일의 목표에 대해서 설명하고, 그 목표에 대해서 신념을 갖도록 설득하는 것은 어렵지 않다.		
63	나는 어릴 때부터 친해왔던 친구가 많이 있다.		
64	내가 하고 있는 일에서 가장 효과적인 결과를 얻을 수 있는 방법을 알고 있다.		
65	어려운 문제도 조금만 노력하면 난 해결 할 수 있다.		
66	나는 복잡한 내용을 쉽게 전달할 수 있다.		
67	실패와 성공은 내 자신에게 달려 있다.		
68	달성하기 힘든 목표라도 필요하다고 판단되면 밀고 나간다.		
69	나는 성취하고자 하는 일이 있을 때 구체적인 목표를 세워서 한다.		
70	나는 사업과 관련해 무엇을 배워야 할 지 안다.		
71	나는 일을 할 때 요령을 부리지 않는다.		
72	나의 미래는 내가 결정하고 개척해 나가는 것이다.		
73	내 분야에서 최고가 되기 위해 노력한다.		
74	학창시절에 내 주변에는 함께 어울릴 친구가 많았다.		
75	무언가를 배우는 모임에 참여하는 것이 즐겁다.		
76	계획한 일은 꾸준히 지속해서 해 낸 적이 많다.		
77	다른 사람들로부터 부지런하다는 소리를 들어본 적이 있다.		
78	멀리서 아는 사람을 보면, 다가가서 먼저 인사한다.		

번호	문항내용	예	아니오
79	사업과 관련해서 더 공부 할 계획이 있다.		
80	나는 하루를 마치면 내 자신을 돌아볼 시간을 갖는다.		
81	나는 계획한 일을 행동으로 잘 실천한다.		
82	나는 분석력이 뛰어나다.		
83	나는 일을 할 때 집중력을 가지고 한다.		
84	나는 기분이 좋지 않더라도 항상 열심히 한다.		
85	나는 일이 완성되는 것을 보겠다고 고집한다.		
86	나에게 필요한 지식 정보들은 체계적으로 정리한다.		
87	나는 낭비나 비효율적인 요소를 제거하기 위해 노력한다.		
88	나는 같은 자금으로 더 나은 점포를 얻을 수 있다.		
89	나는 일을 신속하게 처리 할 수 있는 방법을 찾는 편이다.		
90	나는 일정한 계획을 세워놓고 그에 맞춰 생활한다.		
91	나는 문제해결을 잘 한다.		
92	유행에 맞는 사업 아이템을 가지고 있다.		
93	진행 중인 일에 뜻하지 않는 어려움이 있어도 중단하지 않는다.		
94	나는 사람을 만나는 것을 좋아한다.		
95	나는 일을 잘 한다는 소리를 듣는다.		
96	나는 회의 중 발표를 많이 한다.		
97	나는 창업을 하여 이루고자 하는 목표가 뚜렷하다.		
98	어려운 문제를 접하게 되도 그에 대한 해결책이 잘 떠오른다.		
99	나는 리더로서의 포용 능력과 경험 면에서 우수하다.		
100	내가 새로운 모임을 만들어 본 적이 있다.		
101	나는 이익이 될 만한 사람을 많이 사귄다.		
102	최선을 다해서 내가 맡은 일을 한다.		
103	나는 일처리를 빨리 잘 한다.		
104	나는 모든 일에 앞장서야 속이 후련하다.		

*아래는 당신이 일상생활에서 마주치는 여러 가지 문제들을 문항의 형태로 서술해 놓았습니다. 이 항목들을 하나하나 읽어 가면서 당신의 생각과 같거나 당신을 잘 나타낸다고 생각하는 번호에 표시해주십시오.

105. 당신은 목표를 세워 저축을 해 본 적이 얼마나 있습니까?
○전혀 없다 ○조금 있다 ○보통이다 ○많은 편이다 ○매우 많다

106. 당신은 이제까지 세웠던 목표들 중 달성한 목표가 얼마나 많이 있습니까?
○전혀 없다 ○조금 있다 ○보통이다 ○많은 편이다 ○매우 많다

107. 당신은 학창시절에 어떤 일을 스스로 결정하고 행동한 일이 얼마나 자주 있습니까?
○거의 없다 ○가끔 ○보통이다 ○자주 ○매우 자주

108. 청소년기에 당신의 부모님은 당신을 얼마나 독립적이도록 허용했습니까?
○친구들보다 매우 적게 ○친구들보다 적게 ○친구들과 비슷하게
○친구들보다 많이 ○친구들보다 매우 많이

109. 중.고등학교 때 당신은 자신이 진보적이고 혁신적이라고 생각한 적이 있었습니까?
○거의 없다. ○가끔 ○보통이다 ○자주 ○매우 자주

110. 다음 중 당신이 학창시절에 해 본 것은 몇 개나 됩니까?

학생회장, 반장, 부반장, 학생회 임원, 학교신문 편집장, 응원단장, 서클회장, 운동팀의 주장, 졸업식 답사/송사

○없다 ○1–2개 ○3–4개 ○5–6개 ○7개 이상

자료 : 워크넷(http://www.work.go.kr)

[그림 34] 창업적합성 검사 결과표

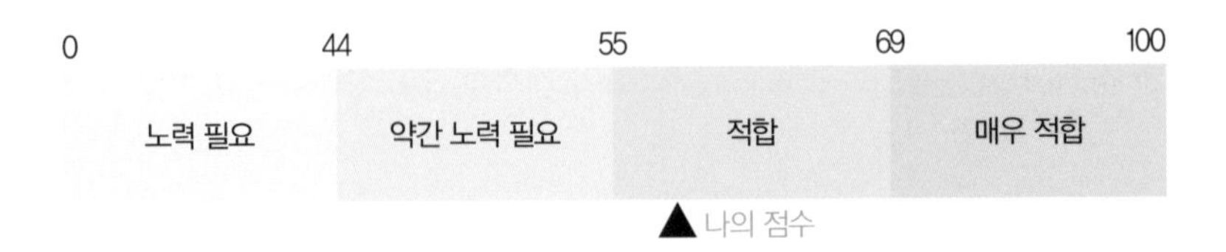

자료: 워크넷(http://www.work.go.kr)

창업이란 경쟁자보다 경쟁우위를 선점하여 지속가능한 성장 동력을 이끌어 내야 한다. 그러기 위해서는 사업에 대한 열정 못지않게 치밀한 분석력과 창조적 사고가 필요하다.

창업에 성공한 사람들을 보면 경영자가 갖추어야 할 요소를 두루 가지고 있다. 사업체 규모와는 무관하게 핵심 역량이라는 공통분모를 지니고 있다. 그들도 초기엔 1인 또는 가족창업으로 시작했다. 현실에 안주하지 않고 끊임없는 쇄신과 혁신을 통해 성공창업의 정상에 우뚝 선 자랑스러운 창업자들이다.

창업은 냉혹한 현실과 맞닥뜨려 승부를 가름하는 것이다. 도와줄 사람은 오직 자신뿐이다.

부부가 창업을 한다 해도 창업을 주도한 자신이 사업에 대한 모든 책임을 져야한다. 자신을 떠난 그 무엇에도 탓하지 말아야 함은 물론이다. 그것이 진정한 창업가 정신이고 경영자다운 모습이다. 성공하는 창업을 간절히 소망한다면 창업가로서의 핵심역량을 반드시 갖춰주기 바란다.

창업정보 탐색

다음 자료를 활용해서 창업에 대한 다양한 정보를 찾을 수 있다.

〈표 29〉 창업정보 웹사이트

구 분	내용
창업넷 (K-Startup)	• 중소기업청에서 운영하는 사이트로 예비창업자들을 위한 교육, 자금 등에 관한 정보 및 지원사항에 대한 안내. • 홈페이지 : http://www.k-startup.go.kr
소상공인 시장진흥공단	• 소상공인시장진흥공단은 소기업 및 소상공인을 지원하기 위해 설립된 기관. • 전국 59개 센터를 운영 중에 있으며, 창업과 관련된 교육 및 자금 등을 지원. • 홈페이지 : http://www.semas.or.kr
창업스쿨	• 서울시를 비롯하여 전국 지방자치단체별로 만 20세 이상 대상으로 다양한 창업관련 교육과정 운영. • 각 시도 지방자치단체 문의.

04 외식창업은 어떤 자질을 요구하는가

태도는 나의 과거를 보여주는 도서관, 나의 현재를 말해주는 대변인, 나의 미래를 말해주는 예언자. 인생이 우리를 대하는 태도는 내가 인생을 대하는 태도에 달려있다. 태도가 결과를 결정한다. – 존 맥스웰

사람은 저마다 자질을 갖고 있다. 인간적인 자질과 타고난 자질이 그것이다. 인간적 자질은 성품이며, 타고난 자질은 능력을 의미한다. 성품은 개인의 근간을 이루고 사고와 태도에 지대한 영향을 끼친다. 따라서 불변의 속성을 지니고 있다. 반면 능력은 정도의 차이는 있으나 노력 여하에 따라 수준은 달라질 수 있다. 여기서는 개인의 본바탕을 이루고 있는 성품을 말하고자 한다.

사람은 성품에 따라 생각과 행동이 다를 수밖에 없다. 동일한 현상에 대해서도 그렇다. 특히 같은 일을 해도 돋보이는 이가 있는가 하면 상반된 경우도 있다. 무성의한 사람, 흥미 없어 보이는 사람, 무뚝뚝한 사람 등이 대표적인 경우에 해당된다.

혹여 독자 가운데 앞의 셋 중 하나라도 해당된다면, 창업을 꿈꾸지 말고 현재 하는 일에 충실해 주기 바란다. 왜냐하면 창업을 해보

았자 실패할 가능성이 매우 높기 때문이다. 업종을 불문하고 고객을 상대하는 점포라면 친절함을 기본적으로 갖추어야 한다. 외식사업은 특히 자상함과 후덕함이 자연스레 묻어나야 한다. 친절함과 자상함은 성품에서 기인한다.

외식창업자는 건강에 이로운 음식을 만들어야 한다. 정직한 재료를 사용하며, 조리하는 과정을 재미있어해야 한다. 이 또한 바른 성품에서 나온다. 정성들여 만든 음식을 고객에게 제공했을 때 맛있게 먹는 모습을 보며 보람과 즐거움을 느낄 줄 알아야 한다. 유쾌한 마음으로 음식을 만들면 정성이 더해지고 맛도 좋아진다. 고객은 당연히 맛있게 즐기고 만족감이 높을 수밖에 없다.

조리능력만 있다고 해서 고객을 만족시키지는 못한다. 외식창업자와 고객 사이에는 알게 모르게 인간적 유대감이 스며든다. 인간적 자질이 중요한 이유가 이 때문이다. 창업자의 자질은 1차 고객인 직원에게도 영향을 미친다. 직원은 창업자의 영향을 받아 고객에게 돌려준다. 고객에 대한 배려도 자질로부터 나온다. 인간적 자질의 선순환이며 순기능인 것이다.

수년 전 단골로 가던 '순댓국전문' 식당이 있었다. 맛이 뛰어나서가 아니라 음식점 대표의 성품 때문이었다. 한 번은 어느 겨울날, 함께 간 일행들과 식사를 반 쯤 했을 때였다. 주인아주머니가 다가와서는 따뜻한 인사를 건넸다.

"바깥 날씨도 쌀쌀한데 따끈한 국물 좀 더 드릴까요?"

그러잖아도 추운 날씨 탓에 몸이 움츠러든 상태였는데, 일행은 반색을 하며 고마움을 표했다. 추위에 얼었던 몸과 마음이 따뜻해졌다. 주인아주머니의 작은 배려에 일행들의 식사분위기가 좋았음은 물론이다. 밥맛 또한 더 좋을 수밖에 없었다. 식사를 마치고 현관을 나설 때는 훈훈한 인사말도 빼놓지 않았다.

"날도 어둡고 차가운데 잘 살펴서 가세요."

제삼자가 보면 친분 있는 사이인 줄 착각할 정도였다. 그 후에도 매번 갈 때마다 고객에 대한 배려를 아끼지 않았다. 비 오는 여름날엔 이런 말로 자상함을 대신했다.

"일행 중에 혹시 우산 없는 분 계신가요?"

자상한 배려가 감동을 이끌어 낸다.

이처럼 선순환의 작용은 고유한 문화를 싹트게 한다. 창업자와 직원이 공유하는 가운데 뿌리를 내리고 정착되어 음식과 문화가 융합된 음식점으로 발전한다. 고유한 문화가 형성된 식당은 여타의 경쟁자로부터 모방이 불가능하다. 문화는 단기간에 형성될 수 없을뿐더러 인간적 자질에 근본을 두고 있기 때문이다.

외식창업자는 바른 성품을 지녀야 한다. 친절함과 자상함, 후덕함을 갖추는 것이 외식창업이 요구하는 자질의 조건이다. 인간적 자질에 바탕을 둔 외식창업자의 언행은 태도로 귀결된다. 태도는 영업전반에 영향을 미치며 성장 동력에 불쏘시개 역할을 한다. 태도가 얼마나 중요한가를 보여주는 주목할 만한 자료를 제시한다.

아래 〈도표 9〉의 분석표는 고객을 잃는 가장 큰 요인을 태도(68%)라고 했다. 이는 앞서 밝힌 인간적 자질이 경영성과에 미치는 영향을 증명하는 것이다.

〈도표 9〉 고객을 잃는 여섯 가지 이유

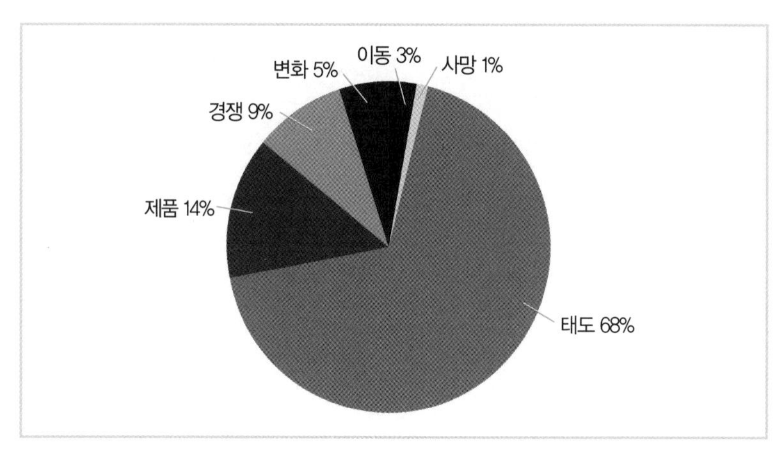

자료: U.S. News & World Report _재구성

바른 성품을 가진 사람은 어느 분야든 인맥이 두텁다. 신의로 맺어진 관계는 시간이 흘러도 불변한다. 인맥은 자산이다. 창업자의 인맥은 경영활동에 긍정적 영향을 준다. 때문에 인간적 자질은 창업자로서 갖추어야 할 필수 불가결의 요소인 것이다.

창업자는 자질이 다양한 고객층과 의사소통을 해야 한다. 그러기 위해서는 모나지 않은 성품을 소유해야 한다. 본성이 미흡하다면 그렇게 되도록 노력해야 한다. 그런데 천성을 변화시킨다는 것은 말처럼 쉽지 않다. 의지에 따라 불가능한 것은 아니겠지만, 부단한 분골쇄신이 필요할 것이다.

진정한 사업가는 성패여부를 외부에 탓하지 말아야 한다. 모든 것은 창업자 자신에게 있다. 성공과 실패의 공과(功過)는 오롯이 창업자의 몫이다.

05 상상력에 독창성이라는 날개를 달자

가슴 속으로부터 무언가를 만들면 무엇이든 대부분 성공한다.
머리로 하면 무엇이든 대부분 실패한다. – 마르크 샤갈

필자는 창업성패를 적자생존의 원리라고 믿는다. 예나 지금이나 새로운 환경에 적응하지 못하면 도태될 수밖에 없다. 냉정한 관점에서 보면 당연한 현상이다. 그럼에도 많은 폐업자들은 창업실패의 원인을 다른 핑계로 설명하려 든다.

외식창업 강의를 할 때 수강생들은 이런 질문을 많이 한다.

"어떻게 하면 창업에 성공할 수 있는지 '팁'좀 알려주세요."

이럴 때 대답은 간단하다.

"남들과 다르게 하세요."

모두가 실망하는 눈빛이다. 그러면 부연한다.

"독창적으로 하면 됩니다."

실망감은 여전히 가시질 않는다.

한 집 건너 음식점이 문을 여는 공급과잉 상태다. 동일업종 간 경쟁도 심각한 수준에 이르렀다. 그런데도 간판이 비슷하고, 실내장식이 비슷하고, 맛이 비슷하고, 서비스가 비슷하다. 이렇게 하면서 성공을 갈구한다면 요행을 바라는 거나 다름없다. 배수진을 치고 노력해도 성공을 보장하기 어려운데 모험을 앞세운 창업은 오늘도 진행형이다.

과거의 창업방식이 아닌 상상력에 독창성을 부여해야 한다. 기존의 것을 모방하거나 비슷하게 한다면 실패할 수밖에 없다. 고정관념은 발전을 가로막는 장애물이다. 모방을 한다면 창조적인 모방을 해야 한다. 창조적 모방이란 새로운 것을 만들기 위한 바탕을 말한다.

요리를 할 때 똑같은 재료라 할지라도 조리자에 따라 전혀 다른 요리가 탄생한다. 독창성의 차이에서 오기 때문이다. 고정관념의 벽을 넘지 못하면 기존의 것을 답습할 수밖에 없다. 역발상을 하면 독창성이 된다. 역발상은 기존의 것을 거꾸로 생각하는 것이다. 역발상을 반복하면 남들이 미처 생각하지 못한 것들을 상상하게 된다. 이것을 착상으로 연결하면 독창성이 뛰어난 결과물이 나온다.

다음의 사례를 잘 살펴보자.

홍보의 고정관념을 바꾸다

90년대 말 대전 유천동, 20여 평 규모의 그리 크지 않은 '장천갈비'라는 돼지갈비전문식당이 있었다. 갈빗집 대표는 개업 후 손님이 없어 잠이 오질 않았다고 했다. 자금사정도 여의찮아 전단 배포도 엄두를 못 낼 정도였다. 몇날 며칠 궁리궁리한 끝에 묘안을 떠올렸다.

그는 점심시간이 끝나면 인근 서대전네거리로 나갔다. 흰 위생모에 셰프(Chef) 옷차림, 앞치마를 두르고 지나가는 차량을 향해 홍보를 했다. 마치 선거철 후보들이 선거운동 하듯 허리를 숙이며 깍듯이 인사를 한 것이다.

도로변 승합차에는 식당알림 현수막을 대문짝만하게 걸어놓았다. 흰 장갑을 끼고 갈빗집 방향을 두 손으로 가리키며 정중하게 인사를 반복했다. 서대전네거리는 행인과 차량통행이 늘 많은 곳이다. 눈에 잘 띌 수밖에 없었다. 홍보효과는 폭발적 반응이었다. 독특한 홍보에 호기심을 가진 손님들이 모여들면서 문전성시를 이루었다. 필자도 궁금해서 가족외식을 몇 차례 한 적이 있다. 갈 때마다 변함없이 몇 분씩 순번을 기다려야 했다.

갈빗집 대표의 독특한 홍보방법이 화제가 되면서 그는 한 때 대전의 유명 인사가 되었다.

역발상을 통해 아이디어를 도출한다면, 독창성 있는 홍보를 할 수 있을 것이다. 누구나 다 아는 방법은 기대가치에 부합하지 못한다. 고정관념을 비틀면 새로운 것을 발견할 수 있다.

라이프스타일에 주목하라

더 컵(THE CUP)이라는 컵 푸드, 프랜차이즈 업체가 있다. 더 컵은 2030세대의 라이프스타일을 면밀하게 분석하여 창업했다. 기존의 패스트푸드가 갖고 있는 문제점을 창의적으로 리뉴얼 했다. 더 컵은 웰빙 요리라는 컨셉으로 젊은 세대를 집중공략하고 있다.

더 컵은 창업시장 분석을 잘 한 경우에 해당된다. 목표고객의 라이프스타일을 분석했다. 분석한 결과를 토대로 사업 아이템(Business Item)을 발견했다. 시장조사를 통해 기존 아이템의 문제를 찾아냈다. 건강에 이롭지 않다는 것이었다. 그래서 웰빙(Well being)을 컨셉으로 했다.

〈그림 35〉 THE CUP의 로고타입과 푸드 컵

자료 : 더 컵 홈페이지

더 컵은 아이템을 세분화했다. 2030세대들이 좋아하는 입맛을 분석한 것이다. 입맛의 유형을 분류했다. 라이스(Rice), 누들(Noodle), 샐러드(Salad), 한식찌개 등이 그것이다.

젊은이들의 개성도 중시했다. 컵 디자인에 미적(美的) 감성을 불어 넣었다. 브랜드 로고타입(Brand Logotype)도 컵 푸드의 특징을 잘 표현했다. 브랜드 컬러의 중요성을 인식해 메인 컬러(Main Color)를 도입하였다. 컬러는 여타의 형태나 텍스트(Text)보다 감성에 소구(訴求)하며 브랜드 이미지에 긍정적 영향을 준다.

더 컵의 성장 비결은 목표고객의 라이프스타일을 적확하게 파악했다는 것이다. 입맛에 맞는 메뉴를 세분화하여 다양한 고객욕구를 충족시켰다. 개발한 메뉴는 무려 50여 종에 이른다. 독창성이 돋보이는 메뉴다.

더 컵은 창업계획수립 단계부터 소비와 구매력이 왕성한 고객층을 목표로 했다. 목표고객의 라이프스타일을 주도면밀하게 분석하여 '컵 푸드'라는 새로운 영역을 개척하여 창업에 성공했다. 독창성, 아무리 강조해도 지나치지 않은 말이다.

06

경영역량이 성패를 좌우한다

작은 주머니에 큰 것을 넣을 수는 없다. 줄이 짧으면 깊은 우물의 물을 끌어올릴 수 없다. – 장자(莊子)

창업이라는 험난한 풍파와 겨루기 위해서는 이를 감당할 수 있는 능력이 있어야 한다. 창업자의 능력은 곧, 역량을 평가하는 기준이 된다. 능력이 있어야 어떤 일도 해낼 수 있는 힘, 역량이 생기는 것이다.

경영전문가들은 기업의 성장가능성을 핵심기술 못지않게 경영자의 능력과 역량을 중요시 한다. 제품이 우수하더라도 창업자의 경영역량이 미흡하면 성장성의 위험요인으로 지목한다. 창업자는 경영자로서의 역량을 배양해야 한다.

창업을 성공으로 이끌어 내기 위해서는 외식업 특성을 명확하게 이해하고 현실적 상황을 올바르게 인식해야 한다. 많은 창업자들이 사업계획을 수립할 때 추측과 감에 따르는 사례가 있다. 주먹구구식에 의존하는 경향이 강하다는 의미다. 이러한 이유로 실패하는 창업자가 늘어나는 주요 원인이 된다.

창업자는 분석적이며 개념적 판단을 할 수 있어야 한다. 외식업은 원재료의 조달과 생산(조리), 판매(유통)와 서비스가 동시에 이루어지는 특수성을 지니므로 여타 업종과는 달리 깐깐한 경영능력을 요구한다.

외식업은 계절과 기상조건, 고객기호에 따른 수요예측이 어렵다. 따라서 미사용 식재료 폐기로 인한 손실금을 최소화하거나 차단하는 방법을 강구해야 한다. 외식업은 전체산업 중 생산성이 가장 낮은 업종에 해당된다. 합리적이고 과학적인 방법으로 생산성 향상을 위한 연구에 지속성을 유지해야 한다.

원가관리와 수익성분석 등의 관리회계 능력을 갖추어야 한다. 외식업은 경영시스템 구조상 어느 한 부문만 소홀해도 유기적 결합이 어렵다. 관리회계는 창업과 경영에 필수 불가결의 요소다. 그럼에도 불구하고 이런저런 이유로 회피한다면, 창업자는 경영악화라는 최악의 상황에 직면할 수 있다. 그렇지만 처음부터 아는 사람은 없다. 배우면 된다.

관리회계를 외부전문가(세무사, 회계사)에게 의존할 경우, 경영자는 수입과 비용자료만 확인하게 된다. 이럴 경우 상품의 총원가는 얼마며, 판매가는 어느 선에서 결정할지, 수익률은 몇 퍼센트인지, 창업 시 투하한 자금은 어느 시점에 회수 가능한지 등은 판단이 불가능하다. 경영의 악영향이 발생하는 주요원인이 되는 것이다.

영업활성화를 위해서는 마케팅전략을 다양하게 구사해야 한다. 매력 있는 외식점포를 갖추었어도 고객을 유도할 수 있는 방법을 모른다면 그림의 떡이나 다름없다.

사업은 혼자 할 수 없다. 투자는 창업자가 하지만, 운영은 직원의 도움 없인 불가능하다. 때문에 직원과의 관계를 원만하게 유지하는 것이 바람직하다. 직원을 사업 파트너로 인식해야 한다.

〈그림 37〉 창업자의 경영능력 구성요소

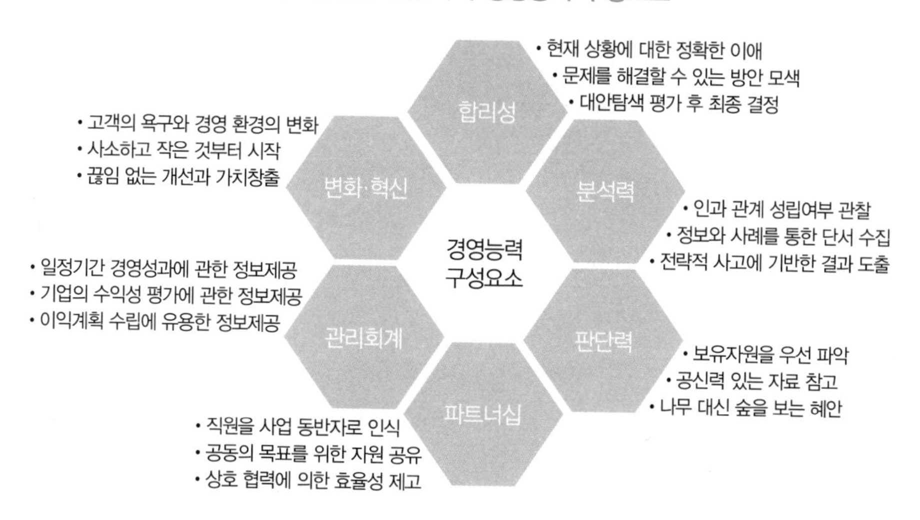

'고인 물에 이끼가 낀다'는 속담이 있다. 만사만물(萬事萬物)의 이치가 그러하듯, 변화하지 않으면 도태되기 쉽고 경쟁에서 낙오될 수밖에 없다. 창업자는 변화와 혁신을 끊임없이 이끌어 내야 한다. '2등 제품이라도 1등 사장이 되라.' 창업자의 경영역량이 최우선 되어야 하는 이유다.

CHAPTER

7

창업은 성공의 희열을 느끼게 한다

◇◇◇◇◇◇◇◇◇

01 열정이 성공을 보장하지는 않는다

승리하면 조금 배울 수 있고, 패배하면 모든 것을 배울 수 있다.
– 크리스티 메튜슨

자, 독자여러분은 이제 창업에 필요한 핵심을 알게 되었는가? 자신감이 충만해졌는가?

사업계획서도, 상권분석도 완벽했고, 상가계약서와 인테리어, 비품주문서, 식재료주문서를 쓸 준비가 되었는가? 그렇다면, 잠깐, 잠시 숨을 고르면서 필자를 따라 시간여행을 떠나보자. 필자의 뼈아픈 실패의 경험을 털어 놓는 이유는 독자들의 최후의 선택과 결단에서 정말 중요한 것을 다시금 되돌아보았으면 하는 바람에서다. 그리고 결단이 섰다면 기왕이면 과감하게 치고 나갈 패기를 북돋고 싶기도 하다. 창업은 분명 성공의 희열을 느끼게 한다.

세계 3대 미항 중 하나인 트리폴리, 코발트색 지중해 물빛이 정겹게 느껴지던 1981년 10월 어느 날이었다. 필자는 3년여 간 호텔신라 파견근무로 해외생활에 재미를 붙일 무렵, 중대한 결심을 했다. 새로운 도전을 위해 퇴직하기로 마음을 굳게 다잡은 것이다.

새로운 도전, 그것은 10여 년의 경험과 기술을 바탕으로 더 큰 꿈을 실현하고자 창업하는 것이었다. 나이 서른을 갓 넘긴 용기와 열정으로 가득 찬 그런 시기였다.

'쇠뿔도 단김에 빼라'는 속담처럼 부랴부랴 사표를 내고 귀국했다. 그리고 모처럼 초콜릿푸딩 같은 휴식시간을 즐기며, 여러 달 후에 있을 창업구상에 들어갔다. 메뉴는 어떤 것을 선택하고, 점포는 어디에 어느 정도 규모를 얻을 것이며, 상호는 무엇으로 지을 것인지, 개업 시기는 언제쯤이 좋을지 등을 놓고 생각을 거듭했다.

하지만 막상 창업을 위한 활동을 시작했으나 해결할 문제가 한둘이 아니었다. 기술적 부문을 제외하곤 딱히 아는 것이 없었다. 상권선택 점포선정부터가 난제로 느껴졌다. 전문지식과 경험이 없다 보니 난감함 그 자체였다. 그 당시엔 창업상담 할 곳도 '소상공인컨설팅' 지원정책도 없었다. 사정이 그렇다 보니 창업계획을 세우고 실행하는 것은 철저하게 창업자 자신의 몫이었다.

하는 수 없이 내가 아는 상식과 귀동냥 한 것을 써먹기로 했다. 자금사정도 넉넉했으므로 유동인구가 많은 장소에 점포를 얻기로 했다. '복덕방'을 찾아가 점포임차를 부탁했다. 그런데 복덕방 영감님과 몇 차례 얘기가 오가는 중에 불신감이 싹트기 시작했다. 말장난을 하는 것이었다.

"이봐! 젊은이, 자식 같아서 솔직하게 얘기하는데 그 가게는 장사도 잘 되는데, 말 못할 사정이 있어서 가게를 내놨어."

"부모 같으니 믿고 계약해봐. 내일 어떤 사람이 계약하러 온다고 했어."

필자는 복덕방 영감님의 이 말을 믿지 않았고, 지금도 35년 전과 똑 같은 버전을 사용하는 '공인중개사무소'의 '내일 어떤 사람이 계약하러 온다고 했으니 가계약이라도 하고 가시죠?'라는 말을 절대 믿지 않는다.

그러나 다른 복덕방을 다녀 봐도 영감님들의 말장난은 마찬가지였다. 스스로 임차점포를 찾아다녀 보았지만 시간만 낭비하고 갈수록 맥이 빠졌다. 하는 수 없이 복덕방에 이런저런 내용을 단단히 일러두고 점포를 부탁했다.

1982년 3월 하순경, 우여곡절 끝에 '수라상'이란 상호로 한정식집을 개업했다. 다짐했던 꿈을 실현하기 위해 영업에 매진했다. 첫 새벽에 일어나 식재료를 구매하고 정성껏 메뉴를 준비했다. 주방과 매장의 여러 부문을 살피고 고객을 접대하다 보면, 일주일 한 달이 어느 틈에 지나가곤 했다.

메뉴품질에 대한 고객들의 평가도 좋았다. 그런데 문제는 시간이 지나도 매출이 크게 오르지 않는 것이었다. 새로운 메뉴를 출시해도 효과는 미미했다. 고민거리가 하나 둘 늘어나기 시작했다.

10여 년간 한 푼 두 푼 모은 피같은 돈으로 창업했는데, 당초의 기대와 계획이 뒤꼬여가고 있다는 생각에 깊은 잠이 오질 않았다. 영업상황은 점점 악화 일로를 향해갔다. 형편이 이쯤에 이르자 다섯 명의 직원급여는 물론 점포월세도 밀려가기 시작했다.

남보다 일찌감치 창업해서 큰 꿈을 실현하겠다던 당찬 각오가 물

거품이 되어가는 상황이었다. 삶이 무너지는 암담함을 느꼈다. 창업에 실패한 경험이 없다면, 자신의 살과 피같은 전 재산을 날려보지 않았다면, 어느 누구도 그 심정을 알 수 없으리라. 한동안 넋 나간 사람처럼 의욕과 식욕을 잃은 채 칩거했다. 이때 처음 열정만으로는 창업에 성공할 수 없다는 것을 뼈저리게 느꼈다.

그렇게 창업 2년 남짓 해서 종자돈 3500만 원 거의를 잃고, 수중에 달랑 200만 원만 남게 된 딱한 처지가 되었다. 당시 서울 미아리 신일고등학교 부근 단독주택 60평 시세가 1천만 원이 약간 넘은 것을 감안한다면 창업자금의 규모를 추측할 수 있을 것이다.

02

실패를 통해 성공을 배운다

겨울이 없다면 봄은 그리 즐겁지 않을 것이다. 고난을 맛보지 않으면 성공이 반갑지 않을 것이다. – 앤 브레드 스트리트

실패의 원인은 준비 안 된 창업이었다. 기술과 열정만 가지고 창업을 했으니 실패할 수밖에 없었다. 만일 성공을 했다면 운이 좋아서였을 것이다. 창업에 실패한 후 아니, 철저하게 망하고 난 후에야 기술만 우수하다고 성공하는 것이 아님을 깨닫게 되었다.

창업에 대한 장밋빛 꿈을 꾸는 예비창업자들에게 꼭 일러두고 싶은 말이 있다. 자신의 기술을 과신하고 창업을 하겠다면 위험한 발상이다. 기술은 창업을 위한 조건의 일부이지 전부를 아우르지는 못한다. 창업자금이 충분하다고 성공하는 것도 아니다. '밑 빠진 독에 물 붓기'라는 속담이 있다. 나의 경우가 그러했다. 1년 이상의 여유 있는 운영자금으로 시작했으나 영업이 부진하니 버틸 수 없었다.

성공창업을 위해서는 필수 요건이 있다. 기술과 자금, 열정 외에도 핵심적인 요소들이 몇 가지 더 있다. 이 중 어느 하나만 미흡해도 위협요인으로 작용할 수 있으며 지속적 경영에 장애가 될 수 있다. 그 때문에 이 책에서는 외식창업의 근간을 이루는 필수 요소들을 현장사례 연구중심으로 하나씩 풀어왔던 것이다.

창업실패에 따른 충격은 매우 컸지만 실패에서 얻은 교훈 또한 값진 것이었다. 실패는 망하지 않는 법, 즉 성공하는 방법을 알려주었다. 에디슨은 일찍이 "실패는 성공의 어머니"라고 말하지 않았던가. 그리고 불행 중 다행이라고 여긴 것은 아직은 30대라는 것이었다.

잠시나마 힘든 시간을 보내며 스스로를 추슬렀다.

"그래, 다시 한 번 도전해보자!"

그런데 요즘에도 컨설팅현장에서는 안타깝게 36년 전 나와 같은 경우를 종종 보게 된다. 강산이 세 번을 넘게 변하고, 정보홍수의 시대에 살고 있어도 창업방식은 대부분 변하지 않았다. 아직도 많은 창업자들은 준비가 부족한 상태에서 점포를 계약하고 영업을 개시한다. 그리고 얼마간 지나고 나면 누적된 적자로 고민이 깊어지며 의욕을 상실한다.

이와는 반대로 많은 시간을 할애해 시장조사를 하고 면밀하게 검토하여 창업하는 지혜로운 창업자도 있다. 이런 창업자는 성공확률이 매우 높다. 그러나 대다수 창업자들은 그러한 방법을 모른 채 모험에 가까운 창업을 하고 있다. 창업방법을 잘 모르는 초보창업자와 현재 외식사업을 하고 있으나 시행착오를 겪고 있는 외식경영인들은 특히 한 번 더 고민해 보자.

기술기반 창업자의 경우 자신의 보유 기술에 대한 자부심이 지나치게 높다. 문제는 여기서부터 기인한다. 다시 말해 창업전반을 파악하지 못하는 잘못을 범하고 만다. 숲을 제대로 못 보는 것이다. 기술창업자가 사업개시 후 어려움을 겪게 되는 가장 큰 원인은 기술에 대한 지나친 믿음 때문이다. 기술만 가지고도 성공할 수 있다면 얼마나 좋을까. 창업은 기술 하나의 요소만으로는 성공할 수 없다.

창업에 실패하지 않으려면 기술적 자산 말고도 창업자에게 요구되는 조건을 갖추고 있어야 한다. 요구조건이란, 사업계획을 수립하고 사업체를 운영할 수 있는 경영역량을 의미한다. 필자가 창업에 실패한 주된 원인이 '경영역량' 부족이었다.

독자들은 이 책대로 하나씩 실천해 나가다보면, 경영역량을 두루 갖춘 준비된 창업자와 성공하는 외식경영인이 어느새 되어있을 것이다.

〈표 30〉은 저자의 창업실패 요인과 견주어 현시점의 창업 성공요인을 분석한 내용이다. 현재의 창업과 36년 전의 창업환경은 많은 변화를 가져왔다. 하지만 창업의 근간을 이루는 핵심요인은 별반 다르지 않다. 앞서간 경험자의 실패사례에서 교훈을 얻는 타산지석의 계기와 성공요인을 참고삼아 창업의 디딤돌로 활용하기 바란다.

〈표 30〉 창업실패요인과 성공요인

창업실패요인	창업성공요인
기술과신의 함정	• 음식은 지역과 상권에 따라 선호도를 달리함. • 대중적인 메뉴일지라도 성별·연령별에 따라 조리법의 변화를 주어야 함. • 목표고객의 선호음식 유형을 파악하여 메뉴를 개발해야함. • 고객은 창업자의 기술엔 무관심한 반면 자신의 욕구에 부합한 상품만을 구매함. • 자신의 기술에 대한 자부심은 금물이며, 소비자가 원하는 상품을 제공해야 함. • 시각효과를 돋보이게 하고 영양가치와 기능성을 갖춘 메뉴를 소비자는 원함. • 서양 식문화 정착으로 '에피타이저· 디저트' 메뉴를 즐김. • 기존 조리법을 재해석하여 다양한 식재료를 이용한 이색적 대중메뉴개발이 필요함.
상권분석의 오류	• 온·오프라인 심층 분석을 하되 상권현장을 통찰할 때까지 반복해야 함. • 유동인구분석을 통해 주요연령층의 동선을 파악하여 흡입력이 양호한 입지선정. • 점포입지는 버스정류장, 지하철역에서 2, 3분내의 보행거리가 적합함. • 온라인 상권지도를 그릴 때는 상권단절요인(공원, 학교, 둑, 하천, 주유소, 6차선 이상의 자동차전용도로 등)에 주의해야 함. • 유동인구의 발길이 저녁 일찍 끊어지는 상권은 기피해야 함. • 1차 상권(반경500미터)내 아파트 5천 가구, 거주 및 직장인구 2만 명 이상, 집객시설이 고루 갖춘 상권이 양호한 상권임.
원가관리 부실	• 음식점 원가 중 가장 큰 비중을 차지하는 것은 식재료와 인건비임. • 식재료는 계절과 작황상태에 따라 가격의 등락폭이 불규칙함. • 매출이익률이 높아도 판매관리비율이 더 높으면 수익창출을 개대할 수 없음. • 손익분기점매출에 대한 적확한 이해가 필요하며 사업개시 후, 늦어도 6개월 내 손익분기점에 도달해야 함.(창업자 스스로 손익분기점매출을 산출할 줄 알아야함.) • 판매관리비 과목에는 퇴직급여, 4대 보험료, 직원식대, 카드수수료, 감가상각비, 수선비, 영업 손실금 등을 포함해야함. (※이 책 3장 5절 참조) • 수입과 지출을 누락 없이 기록하여 원가분석에 반영해야함. • 매월 말 손익계산서를 작성하여 영업에 따른 손익관계를 분석해야하며, 연말은 1년간의 경영성과를 평가하고 새해 사업계획에 반영해야함.
직원관리 미흡	• 인상은 그 사람의 마음을 대변한다. • 심신이 건강하고 미소를 잘 띠는 직원을 채용하라. • 똑똑한 사람보다는 인성을 잘 갖춘 직원을 선발하라. • 신중하게 선발하되, 채용했으면 신뢰해라. • 직원을 비즈니스 파트너로 인식하고 대우하라. • 직원의 애·경사에 적극적으로 참여하라. • 직원에게도 경영의 투명성을 제공하고 비전을 공유하라. • 직원의 급여설계는 임의적 결정대신 노무사와 반드시 상의하라. • 친척, 지인은 채용하지마라. 동기간 우애에 금이 가고, 친한 사람을 잃게 된다.

외식시장의 몰이해	• 해당업종의 시장규모를 알아야 성장기, 성숙기를 추정할 수 있으며 신규진입 여부를 결정할 수 있음. • 인구통계 분석을 통해 외식시장 트렌드 변화를 예측할 수 있음. 1인 가구 증가는 가정간편식 수요를 창출하며, 맞벌이가구의 증가세는 반조리식품 소비를 촉진시킴. • 소비자는 한 끼 식사에도 가치소비를 지향함. 생명유지 목적을 넘어 삶의 질 차원 에서 소비하는 경향이 늘어나고 있음. • 라이프스타일의 변화로 외식과 문화를 한 곳에서 즐기는 '몰링 문화'가 새로운 소비 문화를 만들어 내고 있음. • 식(食)공간은 식사를 해결하는 단순한 공간이 아닌, 미식과 분위기, 대화와 쉼을 향유하고자 하는 특별한 공간으로 진화하고 있음.
경쟁력 미흡	• 창업시장 진입을 위해서는 업종의 경쟁자 수를 파악해야하며 경쟁강도의 높고 낮음에 따라 탄력적 진입전략을 구사해야 함. • 기존업체의 원가우위 요소, 모방이 쉽지 않은 상품속성과 서비스, 기업문화와 역사성 등의 독특한 차별성은 위협요인으로 작용함. • 시장진입의 또 다른 위험은 대체품의 위협으로부터 자유롭지 않다는 것임. 쇠고기 대신 돼지고기라든가, 한식대신 분식이 대표적 사례임. • 창업자의 보유자산을 기존업체와 비교하여 강·약점을 평가, 강점은 기회로 활용하며 약점은 외부환경의 위협으로부터 보호하는 경쟁전략이 필요함.

03 철저하게 배우고 체화시켜라

가장 유능한 사람은 가장 배움에 힘쓰는 사람이다. – 괴테

필자는 창업에 실패한 뒤 노심초사 했다. 때로는 정신 나간 사람처럼 혼잣말로 중얼거리기도 했다. 어쨌든 다시 시작해야 했다.

"용기만 너무 앞섰어."

"창업, 어떤 방법으로 해야 하나."

여러 달 시장을 돌아다니며 살피고, 일간신문을 몇 종류씩 꼼꼼하게 읽었다. 열악한 자금사정으로 소자본 창업아이템을 탐색했다. 몇 개월 후 마침내 적합한 아이템을 찾아냈다. 수제만두전문점이었다.

만두전문점은 소규모 점포도 가능했고, 주방설비와 인테리어 비중도 현저하게 낮았다. 게다가 국민간식으로 자리 잡아 남녀노소 누구나 선호하는 메뉴였다. 원재료의 조달도 손쉽고, 가격 또한 연중 등락 폭이 안정적이어서 '한정식'에 비해 원가비중이 낮다는 것도 매력적이었다. 그뿐만 아니라 종업원 채용이 필요 없어 자금 여력이 없는 필자로서는 안성맞춤 아이템이었다.

하지만 실패한 경험 때문에 어떻게 해야 시행착오를 반복하지 않을까 고민을 거듭했다. 무엇보다 먼저 생각한 것은 경쟁점포가 모방할 수 없는 것 즉, 철저한 차별화를 하는 것이었다.

그러기 위해서는 우선, 최고의 만두 맛을 내는 일이 핵심과제였다. 전국의 소문난 만두집을 찾아 나섰다. 때로는 끼니를 거르며 사방팔방으로 수소문했다.

만두명가를 찾아나선지 세 달째 되던 어느 늦가을, 노랗게 물든 은행잎이 길 위에 떨어지던 석양 무렵이었다. 서울 용두동의 한 작은 만두집에서 옆 테이블 손님일행이 하는 말을 우연히 듣게 되었다.

"내가 만두를 좋아해서 유명하다는 만두는 다 먹어봤는데, 부산 그 집만큼 맛있는 만두는 없어."

일행 중 한 사람이 물었다.

"얼마나 맛있는 집인데?"

"그 집 만두 한 번 먹어보면 다른 만두는 맛이 없어."

절호의 기회라고 생각했다. 주저 없이 물었다.

"실례지만, 부산에 그 만두집 위치 좀 알려주실 수 있나요? 저도 만두를 좋아해서요."

그는 나를 잠시 쳐다보더니 알려줬다.

"부산 충무동 공동어시장 앞 골목, 조그만 가게인데 이름은 없고 그냥 만두라는 손바닥만한 간판 하나 걸려있어요. 부부가 하는데 점심시간에는 앉을자리가 없어 한참 기다려야 해요."

지체 없이 이튿날 부산의 만두집을 찾아갔다. 듣던 말대로 좁은 골목 유동인구도 없는 곳에 '만두'라는 작은 아크릴 간판하나 걸어 놓고 고기만두(포자만두), 찐빵, 찹쌀 도넛, 우동을 파는 다섯 평쯤 되어 보이는 작은 가게였다. 내부는 그 어떤 치장도 없이 메뉴 가격표와, 합판과 각목을 잘라 직접 만들었을 것으로 추정되는 식탁과 긴 나무의자가 전부였다.

들뜬 기대감으로 고기만두 1인 분을 주문했다. 그런데 놀라운 것은 주문한 만두가 1분도 채 안 되어 식탁 위에 놓였다. 회전율이 매우 높다는 것으로 인지했다. 만두 하나를 성큼 집어 입속에 넣고 만두소를 터뜨렸다. 순간 무릎을 탁, 칠 뻔했다. 소문대로 지금까지 먹어본 만두 중 최고의 맛이었다.

궁금증이 더해지고 흥분되기 시작했다. 만두 1인 분을 더 주문하고 관찰해 보기로 했다.

"처음오신 분인데 찐빵 맛 좀 보세요."

주인아주머니는 덤으로 주먹만 한 찐빵 한 개를 만두 위에 올려줬다. 맛만 최고가 아니라 인심도 후했다. 게다가 주인아저씨의 만두 빚는 손놀림이 신들린 것처럼 움직였다. 빠른 손놀림 가운데는 일정한 리듬감도 있었다. 그분은 만두 만드는 일을 즐기는 듯 했다. 만두 한 개를 빚는데 10초도 채 안 걸리는 것 같았다. 철사로 엮은 둥글고 큰 채반에 만두를 순식간에 한가득 빚어낸다. 감탄의 연속이었다.

최고의 만두 맛과 그 만두를 빚고 있는 장인을 보고 있다는 것이

믿기지 않았다. 넋 나간 듯 한참을 보고 있는데, 손님이 하나 둘 들어오기 시작하더니 어느새 가게 안이 꽉 차 버렸다. 부랴부랴 만두 3인분을 포장해서 가게를 빠져 나왔다.

포장해온 만두는 매일같이 분석 작업을 했다. 만두피와 만두소를 분리해서 원재료를 파악하고 첨가량을 유추해 가며 조리법을 만들어 나갔다. 하지만 장인의 비법은 쉽게 터득되지 않았다. 실패하면 수정해가며 또 다시하기를 수도 없이 반복한 후에 가까스로 근접한 맛을 만들어냈다.

이후 장인의 만두집을 몇 차례 더 오가며 세세한 정보를 수집하고 분석했다. 집요한 노력과 인고의 시간극복, 그리고 마침내 똑같은 맛을 구현하는 데 성공했다. 반년만의 쾌거, 참으로 감격스러운 날이었다. 10여 년간의 현장경험이 한몫을 단단히 한 덕분이기도 했다.

제품개발을 위한 조리법 완성을 하기 위해서는 〈표 31〉의 방법으로 접근해야 한다. 레시피 구체화 단계에서는 엑셀 시트를 이용하여 원재료 투입량을 백분율로 지정, 첨가량을 조금씩 조절하면 재료 투입의 오류를 최소화하고 시행착오의 횟수를 줄일 수 있다.

〈표 31〉 수제만두 레시피 접근법

예) 수제만두 레시피

제 품 명	포자만두	조 리 일 자	0000-0-00
원재료명 및 투입량			
원재료명	투입량 (g)	배합비율 (%)	비 고
건조 무	1.000	2.78	
숙주나물	2.000	5.56	
돼지고기	3.000	8.33	
두부	4.000	11.11	
부추	5.000	13.89	
마늘	6.000	16.67	
소금	7.000	19.44	
후추	8.000	22.22	

꿀 팁

고기만두(포자만두)의 만두피는 '생 이스트' 대신 막걸리 발효를 하면 풍미를 높여주고 소화력을 증진시킨다. 수제 찐빵 반죽과 병행하여 사용할 수 있다. 찐빵에 첨가하는 팥소는 시판 제품대신, 직접 만들어 사용하면 여타의 찐빵 맛을 능가할 수 있는 명품이 될 수 있다.

수제만두전문점 사업타당성

한때 서양 식문화에 밀려 소비자로부터 외면당했으나 웰빙 트렌드, 핸드 메이드(Hand made) 선호 영향으로 인기를 얻고 있다. 수제만두는 원재료비율이 낮아 수익률이 높은 편에 속한다는 것이 창업 메리트(Merit)로 작용한다. 5~10평 미만의 소규모 창업이 가능하여 자금부담을 최소화 할 수 있으며, 위험요인도 작은 편이다. 관건은 수제만두 가공 특성상 노동력이 집중 투하되어 건강한 체력이 요구되는 만큼 30, 40대 창업자에게 권장할 만하다.

04 브랜드는 이미지로 소통한다

이 세상의 모든 위대한 사업의 시초는 사람의 머릿속에서 먼저 계획된 것이다. 그렇기 때문에 그대의 사상을 풍부하게 하라. 커다란 건축물들도 먼저 사람의 머릿속에서 그 형태가 그려진 연후에 만들어 졌던 것이다. 현실은 사상의 그림자다. – T. 칼라일

1985년 3월 어느 날, 허름한 옷차림을 하고 시각디자인 교수실 문을 두드렸다. 당시 자가용으로 불리던 검정승용차는 없었다. 대신 20kg은 족히 될 무거운 철제 짐자전거를 타고 갔었다.

필자는 부족한 자금사정에도 대전의 모 대학 디자인학과 교수에게 '브랜드 로고와 심벌마크' 제작을 의뢰했다. 음식점의 얼굴인 간판부터 차별성을 부여하자는 생각에서였다.

"똑, 똑, 똑."

"예~ "

교수는 문을 열고 들어서는 나를 위 아래로 잠시 훑어보았다.

"어디서 왔어요?"

"예, 브랜드로고와 심벌마크 디자인을 하러 왔습니다."

그는 대꾸도 없이 어이없다는 듯, 책상을 내려다보며 비웃음을 지

으며 툭, 한마디 던졌다.

"무슨 일 해요?

순간, 화가 머리끝까지 치밀어 올랐다. 거친 숨을 내쉬며 천정을 잠시 응시하다 교수를 정면으로 노려보았다. 교수가 당황하기 시작했다.

짧은 시간……. 침묵은 길게 느껴졌다. 교수는 헛기침을 한 번 하고는 방금 전과는 다른 태도로 자세를 고쳐 잡았다.

"일단 의자에 앉으시죠."

나는 방금 전 아무 일도 없었다는 듯 애써 태연한 척 하며 이런저런 취지를 설명해 나갔다. 교수는 한참 동안 설명을 듣고 나더니, 은근슬쩍 추켜세우기 시작했다.

"규모가 작은 만두집인데 경영철학이 분명하군요."

"디자인 작업 최초로 음식점 브랜드 디자인이라 의미가 있을 것 같네요."

"젊은 분이 남다른 사고방식을 가지고 있어 반드시 성공할 수 있을 것 같습니다."

조금 전 무례함에 따른 자신의 부정적인 이미지를 회복하려는 듯 시종일관 말끝마다 칭찬을 아끼지 않았다. 교수의 선견지명이 있었는지는 모르겠으나, 그 후 수제만두 전문점은 손님들의 발길이 끊이지 않는 이른바 대박을 맞은, 대전에서는 꽤나 유명한 수제만두전문점이 되었다.

과정이야 어찌 됐든 '브랜드로고 심벌마크' 디자인은 1개월 후에 완성되었다. 당시엔 적잖은 금액인 50만 원을 들여 제작했는데, 지금 화폐가치로 환산한다면 500백만 원 정도 쯤은 되지 않을까 싶다. 만두가게의 '브랜드로고와 심벌마크'는 한동안 주위 상점들의 화젯거리가 되었다. 그들은 심심하면 나에게 이런 말을 해댔다.

"만두만 맛있으면 됐지, 비싼 돈 주고 뭐 하려 하는 겨."

손님들은 간판이 세련되었다고 했다. 어떤 이들은 "체인점인가요?"라고 묻기도 했다. 대전에서는 유일하게 CI(Corporate Identity) 시각디자인을 도입한 최초의 만두 가게였다.

CI, 직역하면 기업의 정체성이란 의미를 지니고 있다. CI 디자인은 브랜드로고와 심벌마크를 통해서 소비자에게 시각적 언어를 전달한다. 시각적 언어에는 기업의 고유한 경영이념을 담고 있으며, 친근한 기업이미지를 형성함으로써 소비자와의 커뮤니케이션 역할을 한다. 소비자는 '상품을 사는 것이 아니라 그 브랜드를 산다'는 말이 있다. CI 시각디자인은 초기 사업계획에 포함시켜 진행해야 완성도 높은 결과물을 기대할 수 있다. 브랜드로고와 심벌마크는 상품의 가치를 돋보이게 하고 브랜드의 경제적 가치를 높여준다.

〈그림 38〉 필자의 CI 시각디자인 사례

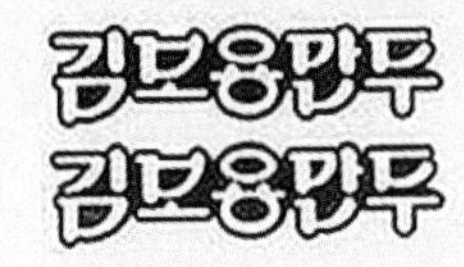

로고타입

전용서체라고 하며 기업의 독창적인 이미지를 갖는 글씨체이다. 김보용만두의 로고타입은 업체명과 브랜드상품명을 함께 사용하게 된 경우여서 대체적으로 브랜드상품 경향으로 중점을 두어 제작하였다. 일반적인 기업명의 경우는 젊잖다는 표현의 서체를 사용하기 마련이나 김보용만두의 경우는 상품과 직결되는 것이어서 일종의 리듬을 부여하여 만두가 지니는 부드러운 감정을 표현하였고 따라서 소비자에게 친근감을 갖게 하였다.

심벌마크

기업의 마크는 그 기업의 얼굴이자 상징인 것이다.

김보용만두의 마크 제작에는 주상품으로서의 만두가 지니고 있는 이미지를 노출하여 제작하게 되었다.

마크에서는 만두의 풍성하고도 부드러운 이미지를 부여했고, 식품업계에서의 심볼로 인식되어온 Cooker의 모자 형태를 갖추어 대중들에게 있어서 전달을 용이하게 함은 물론 소비자로부터 친근감을 갖게 하였다.

05

재창업 성공의 꿀을 맛보다

지성이면 감천(至誠感天) – 한국 속담

자금여력이 없던 탓에 최악의 상권에 입지적 불리함까지 겹친, 신축 후 1년 넘게 비어있는 점포를 임차했다. 차량통행이 불가한 좁은 골목길, 허름한 재래시장과 달동네로 왕래하는 사람들만 간간이 눈에 띄는 곳. 해가 떨어지면 가로등마저 어슴푸레하고 음습한 기운마저 느껴지던 그런 자리였다. 더 이상 물러설 수 없기에 30대의 용기와 억척스러움으로 무장하고 재기를 위한 둥지를 틀었다. 그리고 배수진을 단단히 쳤다.

점포시설을 하는 동안 터줏대감으로 불리는 어른들 몇몇은 점포를 들여다보며 입버릇처럼 말했다.

"여기서는 아무것도 안 돼, 되는 장사가 없어."

그들은 심심하면 상처를 주고 의욕을 꺾어 놨다. 전생에 악연이 있는 것도 아닐텐데 왜, 돌팔매를 던졌을까? 같은 말을 반복해서 들을 때마다 속을 태우며 괴로워했다. 걱정이 쌓여 잠이 오질 않았다. 그리고 여러 날 고민 끝에 생각을 정리했다.

"그래, 어디 두고 보자. 내 기어코 성공해서 나간다."

세련되고 멋스럽게 디자인 된 간판을 설치하고 나니, 낙후된 골목은 명동거리 못지않았다. 주변점포 주인들은 만두집이 들어와서 골목을 살려놨다고 반색을 했다. 점포바깥 양옆으로 다양한 종류의 화분을 길게 늘어놓았다. 늦가을과 겨울을 제외하곤 언제나 새순이 돋아나고 매혹적인 꽃들이 피어났다. 점포에 생기가 돌기 시작했다. 얼마쯤 지나고 나니 동네 점포들이 하나 둘 화분을 갖춰놓기 시작했다. 음습했던 골목이 화려한 모습으로 재탄생한 것이다.

꽃은 다양한 빛깔과 향기로 인해 흥분과 진정을 시켜주는 것으로 알려져 있다. 상쾌한 느낌을 주어 긴장감을 풀어주고 피로회복에도 도움을 준다. 더불어 실내 공기 청정효과까지 있으니 이보다 더 좋을 수는 없다.

고객들이 좋아할 만한 LP 레코드판을 장르별로 준비했다. 날씨에 따라 또는 점심·저녁시간 분위기에 어울릴 음악을 선곡해서 감성을 자극했다. 어떤 고객은 음률에 취해 눈을 지그시 감기도 하고 더러는 애창곡을 신청했는데 자신이 좋아하는 음악이 흐르면 더 없는 행복감으로 충만 되고 있음을 먼발치서 지켜보며 보람을 느끼곤 했다.

외식공간에는 늘 두 종류의 일간신문과 월간지를 비치하여 고객의 지루함을 덜어주었다. 이 방법을 통해 알게 된 사실이 있다. 고객이 관심기사에 몰입하다 보면, 주문한 음식이 빨리 안 나온다고 독촉하거나 불평하는 일이 없다는 것이었다. 당시에는 대부분의 고객이 독촉을 하는 경우가 예삿일이었다. 요즘은 스마트폰이 고객들의 인내심 향상에 일조를 할 것으로 보인다.

경쟁업체들이 시도조차 하지 않는 만두를 꾸준히 개발, 상품화했다. 포장을 해가는 경우에는 만두 한 개를 덤으로 얹어주기도 했다. 맛있고 덤까지 주는 수제만두는 1인 분 열 개에 단돈 500원이었으니 '가성비'좋은 음식의 대표 격이었다.

포장디자인(Packaging Design)에도 각별한 관심을 기울였다. 상품의 가치는 속성 못지않게 포장 수준에 따라서 느끼는 가치도 다르다는 것을 알고 있었기 때문이다.

80년대 대전지역 유명백화점이었던 동양백화점(현, 갤러리아 백화점) 디자인실에 만두 '패키지디자인'을 의뢰했다. 꽤 큰 비용을 들여 제작한 만두포장 종이백은 '브랜드로고·심벌마크'가 선명한 고급스런 느낌이었다. 고객들의 반응도 예상보다 좋았다. 홍보효과도 덤으로 따라왔다. 대중교통을 주로 이용하던 시절이라, 고객들은 만두포장 종이백을 들고 시내 곳곳 버스노선으로 다녔으니 무료 홍보효과를 톡톡히 본 셈이었다. 당시엔 만두를 무지 비닐봉투에 포장을 해주었으니 필자의 만두포장백은 얼마나 고급스러웠겠는가? 그런데 36년 후인 현재, 여전히 검은 비닐봉투에 당연한 듯 포장을 해주는 점포들이 많아 매우 안타깝다.

음식점마다 메뉴종류와 가격을 알리는 차림표가 있다. 차림표란 '저희 업소는 이러한 음식을 1인 분에 얼마에 팝니다'하고 안내하는 홍보물이다. 그럼에도 불구하고 의무적이고 상투적으로 아무렇지도 않게 툭하니 걸어놓는다. 애써 찾아온 손님에게 상품판매 정보를 자세하게 제공해야 하는데 그런 생각은 안중에도 없는 듯 보였다.

차림표를 독특하게 하는 방법은 없을까 궁리를 했다. 백화점에서 사용하는 POP(Point Of Purchase)가 떠올랐다. POP제작도 동양백화점 디자인실에 의뢰했다. 메뉴종류와 계절별로 홍보문구를 만들고 포인트 컬러를 입혀 적절하게 매장을 장식했다. 인테리어를 겸한 감성이 묻어나는 차림표가 만들어 졌다. 계절메뉴는 홍보효과 극대화를 위해 벽 한 면 크기로 만들어 걸었다. 손님들은 감성적인 차림표를 바라보며 미소를 지었다.

고객에 대한 정성과 노력이 어필하면서 입소문을 타던 어느 날, 지역의 모 신문사에서 취재를 나왔다. 궁금한 나머지 인터뷰를 요청하는 기자에게 물었다.

"저희 가게를 어떻게 아셨는지요?"

"이 가게에 자주 오는 단골손님이라고만 하던데요."

순간, 고마움과 함께 코허리가 찡해졌다.

맛 집으로 제보한 고객이 누구인지는 그 후로도 알 수 없었으나, 고마운 고객 덕분에 식사도 제 때 못할 정도로 문전성시를 이루었다. 그도 그럴 것이 인터넷도 스마트폰도 없던 시절이다 보니 소비자의 정보 습득 경로는 TV, 라디오, 종이신문 등이 유일한 수단이었다.

신문기사 효과를 경험한 후 여느 때와 달리 홍보의 중요성을 인식했다. 신문에 유료광고를 내고, 홍보전단을 만들어 자투리시간 틈틈이 사무실 집객시설 등을 분주하게 오가며 배포했다.

〈그림 39〉 필자의 수제만두전문점 신문기사 및 홍보차량

중 도 일 보 1989年3月27日(月曜日)

맛자랑 멋자랑

김보용 만두

——성보극장 옆골목

새콤한맛 가미한 「김치만두」유명

정성담긴 독특한 新개발 메뉴도

김치만두는 예부터 우리네 가정에서 즐겨먹던 만두에 착안, 칼칼한 맛을 낸것이 특징이다.

영업이익이 불어나면서 당시 국민차로 사랑받던 '프라이드'를 구입했다. 흰색 승용차에 CI 시각디자인을 치장했더니, 보는 고객들마다 칭찬하고 격려를 해 주었다.

아마도 그 당시 대전에서 만두가게 홍보차량이 최초로 탄생하지 안았나 싶다. 신이 난 나머지 피곤한 줄도 모른 채 시내 곳곳을 누비고 다녔다. 그때가 1990년쯤이다.

최악의 상권에서 꿈을 이루다

만두점포가 입지했던 골목은 상권이란 말이 무색할 정도로 낙후된 곳이었다. 무심코 지나가면 골목 존재여부조차 알지 못할 그런 곳. 해가 떨어지면 유동인구 조차 없는 칠흑 같은 동네. '만두가게'에서 내뿜는 아크릴 간판 불빛만이 등대처럼 존재를 알리는 최악의 입지조건이었다.

창업자금도 상권입지도 열악한 상황에서 성공할 수 있었던 요인은 무엇이었을까? 특별한 것은 없었다. 누구나 익히 알고 있는 차별화전략을 실천했을 뿐이었다. 항상 고객의 입장에서 생각하며 문제를 개선하려고 노력했고, 변화와 혁신을 거듭한 각고면려(刻苦勉勵)의 결과였다.

실패를 통해 값진 교훈을 얻었고 그 속에서 성공을 배웠다. 실패를 경험하지 않았다면, 자만과 오만이 극치를 이루었을 것이다. 실패했기에 도전정신이 발현되었고, 물러설 곳이 없었기에 최후의 배수진을 쳤던 것이다. 그리고 마침내 꿈을 이루어 냈다.

창업으로 가는 길은 험난하고 고통이 따르지만, 해볼 만한 가치가 있는 것이었다.

〈표 32〉 저자의 재창업 단계별 과제

구 분	세부내용
창업 준비단계	보유자금 규모에 적합한 아이템 및 점포선정
	경쟁업체가 모방할 수 없는 차별화전략수립
	시각 커뮤니케이션 도구 CI(corporate identity) 도입(브랜드 로고·심벌마크 디자인)
	전문성을 갖춘 상품 포트폴리오 구성
	가용자본 범위 내 무(無)차입 창업
설비단계	개방형 주방설계에 의한 고객 신뢰감형성
	주력메뉴와 목표고객에 부합한 식(食)공간 연출
	화장실을 감성공간으로 만들어 냄
	셀프 인테리어로 최소의 비용실현
영업단계	종사자 위생복 및 유니폼 착용
	제품공정 공개에 의한 신뢰감 제고 및 재미와 흥미유도
	모방이 용이하지 않은 상품개발과 끊임없는 품질개선
	포장 디자인 차별화를 통한 상품가치 제고
	고객층별 선호음악 레코드플레이어로 제공
	신문, 월간지, 화분 등을 비치하여 지루함을 방지하고 대화소재를 제공
마케팅	덤, 입소문, 서비스 수준, 감성마케팅 병행
홍보	POP(Point Of Purchase)를 활용한 점포 내·외부 광고
	신문, 사무실, 집객시설 전단배포
	승용차 CI시각디자인 도입에 의한 길거리 홍보
성장 동력	지속적인 유·무형 서비스 창출
	고객 입장에서 심사숙고하고 문제분석 개선
	먹거리, 볼거리, 즐길 거리, 서비스를 융합한 문화적 가치제공
	불리한 상권·입지를 차별화된 서비스와 공격적인 홍보로 극복

그래도 창업이다

스타트업을 경영하는 것은 얼굴에 지속적인 펀치를 맞는 것과 같다. 하지만 대기업에서 일하는 것은 물고문 당하는 것과 같다. – 폴 그레이엄

100년을 향한 음식명가

국내 음식점 가운데 3대에 걸쳐 가업을 이어온 '오래된 가게', 노포(老鋪)는 100여 곳이 넘는다. 이웃나라 일본의 100년 넘는 식당 1만 개와 비교한다면 왜소해 보일지 모르지만, 우리의 노포는 격동기 속에서도 굳건하게 자리를 지켜오며 튼실한 뿌리를 내렸다.

노포(老鋪)는 현대 외식산업의 근간이 되고 음식문화를 형성하는데 자양분이 되었으며 지대한 공헌을 하였다. 한 세기를 관통하며 현대사와 함께 해온 이들 음식점들은 이 시대의 진정한 장인(匠人)이며 외식역사의 산증인이다.

한 세기 넘게 영속하는 식당의 비결은 기본에 충실하다는 것이다. 양질의 식재료와 변함없는 맛, 한결같은 서비스는 노포의 생명처럼

여긴다. 원칙과 신뢰를 어기는 순간 업(業)의 종말이 온다고 믿는다. 누가 보든 안 보든 자신과의 약속을 지키며 묵묵히 장인의 길을 가고 있다.

노포는 선대(先代)의 창업정신을 계승하며 발전시켜 나간다. 가족의 생계를 위해 시작한 작은 식당이 3대를 거뜬하게 지켜온 원동력은 창업정신의 초지일관이었다. 창업자는 과감한 도전 정신과 최악의 사업 환경에도 흔들리지 않는 불요불굴의 정신력이 요구되며, 투철한 판단과 신념을 지니고 노력하는 자세가 필요하다.

노포는 변화와 혁신에도 능동적이다. 끊임없는 변화와 연구를 통해 모방이 쉽지 않은 새로운 기술을 창출해 내며 견고한 입지를 강화한다. 혁신을 통해 새로운 환경에 적응하며 지속 사업이 가능한 성장 동력을 이끌어 낸다.

노포에는 그곳만의 고유문화가 있다. 직원과 경영자를 노사가 아닌, 가족이라 여기며 집안의 대소사에도 각별한 관심을 가져준다. 사업의 동반자로 인식하는 것이다. 직원의 도움 없이 지속사업은 불가능하다.

손님을 살갑게 대하고 배려하는 마음도 남다르다. 그래서 단골손님들은 내 집처럼 편안하다 말하고 한동안 뜸하면 향수를 느낀다고 한다. 대를 이어 찾는 손님들은 고향같이 여기며, 차려내는 음식은 마치 어머니의 오랜 손끝에서 배어나오는 감칠맛처럼 느껴진다.

노포는 영리를 목적으로 하지만 치부를 위해 탐욕하지 않는다. 개인이익의 극대화가 사업의 최종목표가 아님을 윤리경영의 규범으로 여긴다. 규모에 적합한 기업의 사회적 공헌에도 한몫한다. 불우한 이웃에 온정을 베풀고 결식아동에게 급식을 제공한다. 대가성 없는 선행은 브랜드 이미지에 호감을 갖게 하고 충성고객을 확대한다.

노포는 배움에도 적극성을 갖는다. 학습을 통한 지식의 축적이 경영의 효율성을 가져오고 경영자의 능력과 역량을 배양하기 때문이다. 경쟁강도가 높은 경영환경 특히 '레드오션' 시장에서는 끊임없이 공부하는 경영자만이 살아남으며 성장 동력을 확보할 수 있다.

음식명가의 터를 다지기 위해서는 정체성을 지키고, 그 집만의 희소성 있는 가치를 지니고 있어야 한다. 그러기 위해서는 명품음식을 만들겠다는 당찬 각오와 명품을 유지하려는 노력이 더해져야 한다. 명품식당은 독점력이 있을 때 가능해짐을 유념하기 바란다. 누구나 손쉽게 모방할 수 없는 장인정신과 창의적 기술이 녹아 있어야 하는 것이다.

100년의 식당으로 사랑받기 위해서는 강력한 브랜드 이미지를 내포하고 있어야 한다. 전남 나주하면 '나주곰탕', 부산 동래하면 '동래파전'이 떠오르듯이 말이다.

성공창업을 기원한다.

이 책의 모든 독자들이 '100년 음식명가'를 이루시길!

부록

1. 외식창업 핵심 성공요인
2. 읽어두면 유용한 참고도서
3. 정보가득 웹 사이트
4. 음식점 위생등급제
5. 식품위생법 주요 위반사례
6. 외식사업자가 꼭 알아야 할 〈식품위생법〉
7. 소상공인 권리지킴이 〈상가건물 임대차보호법〉

◇◇◇◇◇◇◇◇◇

1. 외식창업 핵심 성공요인

* 외식 창업은 핵심요소와 점포조건이 충족되어야 함.

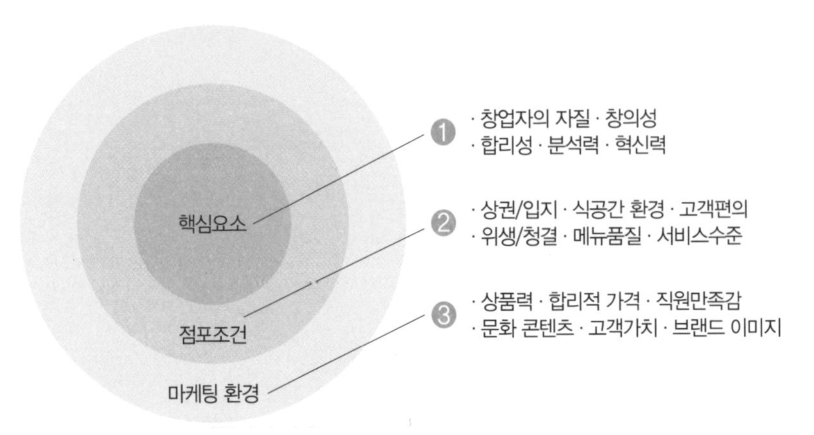

자료 : 미래외식경영전략연구소

2. 읽어두면 유용한 참고도서

* 일부 인터넷 구독을 할 수 있음.

출처: 업체별 홈페이지/인터넷 서점

3. 정보가득 웹 사이트

구 분	기관/단체명	웹 사이트 주소
창업적성검사	고용노동부 워크넷	www.work.go.kr
창업정보	창업넷(K-Startup)	www.k-startup.go.kr
	소상공인시장진흥공단	www.semas.or.kr
- 농·축산·식량정보 - 공공데이터 - 식용곤충	농촌진흥청	www.rda.go.kr
	한국식용곤충연구소	www.keilab.org
	사)한국곤충산업협회	http://e-kiia.org
인구변화·특성	통계청	http://kostat.go.kr
외식·식품산업 주요지표	한국농수산식품유통공사	www.at.or.kr
외식정보	한국외식신문	www.kfoodtimes.com
외식정보	한국외식정보교육원	http://blog.naver.com/lalalafb
외식산업정보	한국외식산업연구원	www.kfiri.org
- 외식산업통계 - 외식산업 트렌드 - 외식산업경기동향	The 외식	www.atfis.or.kr/fip/article/M000010300/list.do
- 외식업현황 - 업계소식 - 전국지회·지부	사)한국외식업중앙회	www.foodservice.or.kr
식재료 가격정보	농수산물유통정보	www.kamis.or.kr
식품포장용기	서울포장	www.spack.co.kr
법령·자료	식품의약품안전처	www.mfds.go.kr
경제·경영·트렌드 분석전망	LG경제연구원	ww.lgeri.com
	삼성경제연구소	www.seri.org
	현대경제연구원	www.hri.co.kr
KS인증·국제인증	한국표준협회	www.ksa.or.kr
간편장부 전산프로그램 (S/W)업체	(주)세경A&T	www.tamo.co.kr
	(주)스피드정보기술	www.semuclub.com
	유세븐	www.u7tax.com

구 분	기관/단체명	웹 사이트 주소
간편장부 전산프로그램 (S/W)업체	키컴	www.kicom.co.kr
	미래로21	www.mirero21.com
	택스타운	www.taxtown.co.kr
	예셈	yesem.com
	비즈소프트	www.bizprogram.co.kr
	(주)아이퀘스트	www.iquest.co.kr
	아모넷주식회사	www.kyungli.com
	바움기술주식회사	www.간편장부.kr
	한국정보통신(주)	www.easyshop.co.kr
문화·콘텐츠제작종합지원, 연구보고서	한국콘텐츠진흥원	www.kocca.kr
상권정보시스템	소상공인상권정보시스템	www.semas.or.kr/web/main/index.kmdc
	SGIS 통계지리정보서비스	https://sgis.kostat.go.kr/view/index
	NICEBIZMAP 상권분석서비스	www.nicebizmap.co.kr/index.jsp
	Geovision	www.geovision.co.kr
도시계획확인	국토교통부 토지이용규제 정보서비스	http://luris.molit.go.kr/web/index.jsp
	ONnara 부동산정보통합포털	www.onnara.go.kr
상가건물 임대차보호법 전문	국가법령정보센터	www.law.go.kr/lsInfoP.do?lsiSeq=170926#0000
상가건물 임대차 권리금계약서 / 상가건물 임대차 표준계약서 (다운로드)	국토교통부	www.molit.go.kr
	법무부	www.moj.go.kr
– CI 디자인 – 디자인 정보 – 우수디자인 개발업체 현황	한국디자인진흥원	http://kidp.or.kr
디자인개발	한국디자인협동조합	www.kodeco.or.kr

4. 음식점 위생등급제

음식점 위생등급 표지

매우 우수

우수

좋음

식품의약품안전처(이하 식약처)에서는 2017년 5월 19일부터 전국 음식점의 위생수준을 평가하여 등급을 부여하는 음식점 위생등급제를 시행하고 있다. 이미 미국과 같은 선진국에서는 소비자의 선택권을 보장하고 식중독예방을 위해 시행하고 있다. 음식은 맛도 중요하지만 어떤 환경에서 얼마나 위생적으로 만들었는지도 중요하기 때문이다.

평가는 객관성과 전문성을 위하여 '한국식품안전관리인증원'에 위탁하여 평가를 실시하며, 평가결과 85점 이상인 경우 해당등급을 지정한다. 위생등급제 참여업소는 2년간 출입·검사를 면제하고, 위생등급 표지판 제공, 식품진흥기금을 활용한 시설·설비 개·보수 등 지원 혜택이 있다.

신청방법

- 식품안전나라에 접속합니다. (http://www.foodsafetykorea.kr/)
- 회원가입(기업회원으로 가입)을 합니다.
- 온나라민원 배너를 클릭합니다.
- 통합민원상담서비스로 이동합니다.
  - 전자민원 → 전자민원 신청 → 민원리스트에 지정신청 민원을 클릭 합니다.
- 민원검색창에 '위생등급'으로 검색합니다.
- 위생등급 지정 민원 상세 안내 페이지로 이동합니다.
- 부서를 지정하고 신청버튼을 클릭 합니다.
- 위생등급지정 신청 화면으로 이동하면 업소현황 검색화면이 팝업 됩니다.
- 신청 업소를 검색하여 업소 목록에서 선택하고 선택 버튼을 클릭합니다.
  - 허가(신고)번호, 대표자 성명, 업소명(상호) 등은 선택한 업체 정보 자동입력
- 신청등급, 사업자등록번호 등 필수 항목을 입력합니다.
- 신청내역을 작성하고 저장 버튼을 클릭합니다.
- 나의민원 확인 및 증명서 발급 받습니다.
- 나의민원에서 임시저장(미제출)된 민원은 신청취소가 가능합니다.
- 신청내역을 검토하고 더 이상 수정사항이 없으면 최종 민원을 신청합니다.
- 위생등급 지정 민원이 최종 신청됩니다.
- 해당 민원명을 클릭하면 민원 진행 상황을 확인 할 수 있습니다.

출처: 식품의약품안전처

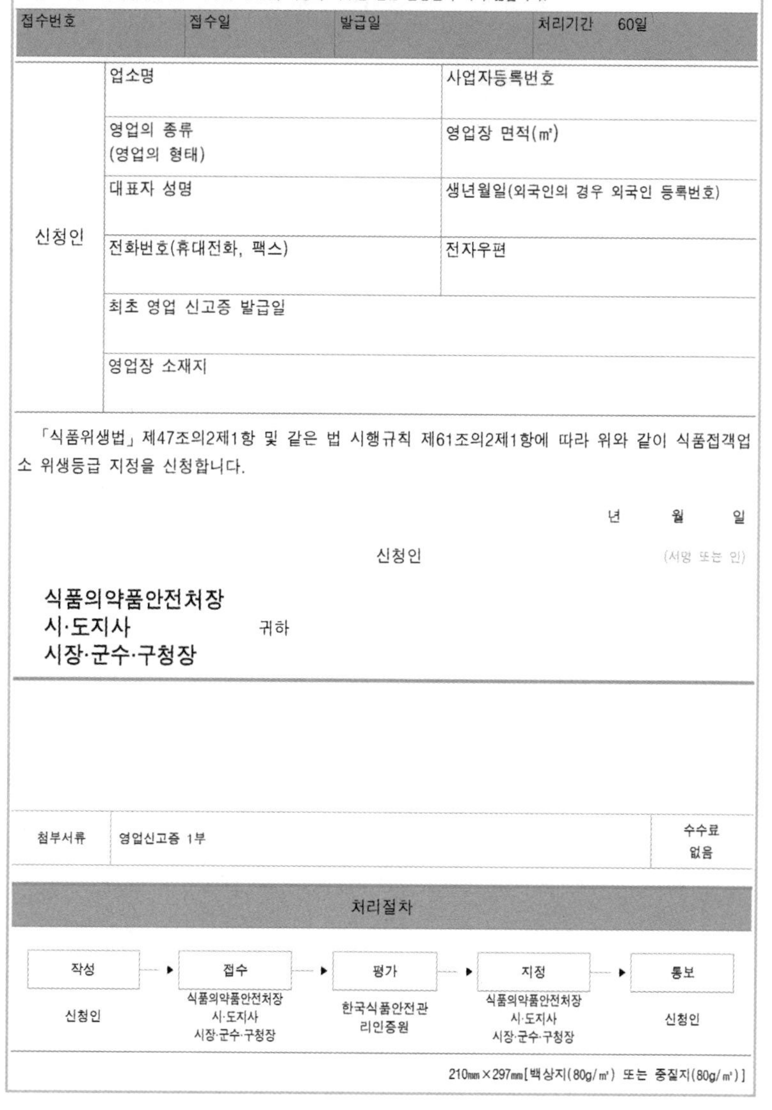

■ 식품위생법 시행규칙 [별지 제51호의2서식] <신설 2015. 12. 31.>

식품접객업소 위생등급 지정신청서

※ 첨부서류는 신청안내를 참고하시기 바라며, 색상이 어두운 난은 신청인이 적지 않습니다.

접수번호	접수일	발급일	처리기간 60일

신청인	업소명	사업자등록번호
	영업의 종류 (영업의 형태)	영업장 면적(㎡)
	대표자 성명	생년월일(외국인의 경우 외국인 등록번호)
	전화번호(휴대전화, 팩스)	전자우편
	최초 영업 신고증 발급일	
	영업장 소재지	

「식품위생법」 제47조의2제1항 및 같은 법 시행규칙 제61조의2제1항에 따라 위와 같이 식품접객업소 위생등급 지정을 신청합니다.

년 월 일

신청인 (서명 또는 인)

식품의약품안전처장
시·도지사 귀하
시장·군수·구청장

첨부서류	영업신고증 1부	수수료 없음

처리절차

작성	→	접수	→	평가	→	지정	→	통보
신청인		식품의약품안전처장 시·도지사 시장·군수·구청장		한국식품안전관리인증원		식품의약품안전처장 시·도지사 시장·군수·구청장		신청인

210㎜×297㎜[백상지(80g/㎡) 또는 중질지(80g/㎡)]

5. 식품위생법 주요 위반사례

'식품의약품안전처' 자료에 따르면 2011~2014년까지 전국 모범음식점 식품위생법 위반, 적발사례는 1731건에 달했다. 주요위반 유형으로 영업자 준수사항 412건(23.8%)으로 가장 많았으며, 식품 등의 취급위반 301건(17.4%) 건강진단 미이행 289건(16.7%) 기준 및 규격위반 256건(14.8%) 영업허가 등 위반 231건(13.3%) 시설기준 위반 174건(10.1%) 등의 순이었다. 창업자는 법규위반에 따른 영업손실 및 업체평판의 부정적 요인을 예방하기 위하여 노력해야 한다. 이를 위해서는 관련법규 내용을 숙지하고, 주기적인 직원교육에도 힘써야 한다. 원천적 차단방법은 사업계획 수립 시 면밀하게 검토하고 대책을 미리 마련해놓는 것이다. 영업에만 열중해야 할 때 '소 잃고 외양간 고치는' 상황이 발생해서는 절대로 안 된다.

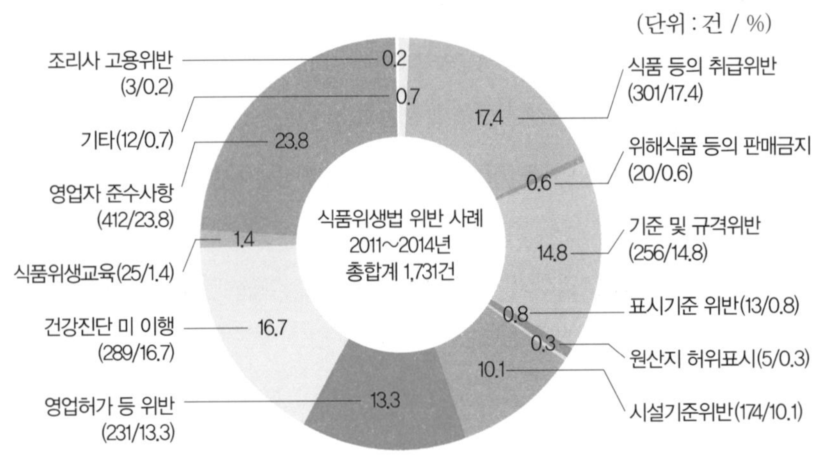

자료 : 식품의약품안전처_재구성

6) 외식사업자가 꼭 알아야 할 〈식품위생법〉 _ 식품접객업영업자 등의 준수사항(제57조 6 관련)

가. 물수건, 숟가락, 젓가락, 식기, 찬기, 도마, 칼, 행주, 그 밖의 주방 용구는 기구 등의 살균·소독제, 열탕, 자외선살균 또는 전기살균의 방법으로 소독한 것을 사용하여야 한다.

나. 「축산물위생관리법」 제12조에 따라 검사를 받지 아니한 축산물 또는 실험 등의 용도로 사용한 동물은 음식물의 조리에 사용하여서는 아니 된다.

다. 업소 안에서는 도박이나 그 밖의 사행행위 또는 풍기문란행위를 방지하여야 하며, 배달판매 등의 영업행위 중 종업원의 이러한 행위를 조장하거나 묵인하여서는 아니 된다.

라. 삭제 〈2011.8.19〉

마. 삭제 〈2011.8.19〉

바. 제과점영업자가 별표 14 제8호가목2)라)(5)에 따라 조리장을 공동 사용하는 경우 빵류를 실제 제조한 업소명과 소재지를 소비자가 알아볼 수 있도록 별도로 표시하여야 한다. 이 경우 게시판, 팻말 등 다양한 방법으로 표시할 수 있다.

사. 간판에는 영 제21조에 따른 해당업종명과 허가를 받거나 신고한 상호를 표시하여야 한다. 이 경우 상호와 함께 외국어를 병행하여 표시할 수 있으나 업종구분에 혼동을 줄 수 있는 사항은 표시하여서는 아니 된다.

아. 손님이 보기 쉽도록 영업소의 외부 또는 내부에 가격표(부가가치세 등이 포함된 것으로서 손님이 실제로 내야 하는 가격이 표시된 가격표를 말한다)를 붙이거나 게시하되, 신고한 영업장 면

적이 150제곱미터 이상인 휴게음식점 및 일반음식점은 영업소의 외부와 내부에 가격표를 붙이거나 게시하여야 하고, 가격표대로 요금을 받아야 한다.

자. 영업허가증·영업신고증 · 조리사면허증(조리사를 두어야 하는 영업에만 해당한다)을 영업소 안에 보관하고, 허가관청 또는 신고관청이 식품위생·식생활개선 등을 위하여 게시할 것을 요청하는 사항을 손님이 보기 쉬운 곳에 게시하여야 한다.

차. 식품의약품안전처장 또는 시·도지사가 국민에게 혐오감을 준다고 인정하는 식품을 조리·판매하여서는 아니 되며, 「멸종위기에 처한 야생동식물종의 국제거래에 관한 협약」에 위반하여 포획· 채취한 야생동물·식물을 사용하여 조리·판매하여서는 아니 된다.

카. 유통기한이 경과된 원료 또는 완제품을 조리·판매의 목적으로 보관하거나 이를 음식물의 조리에 사용하여서는 아니 된다.

타. 허가를 받거나 신고한 영업 외의 다른 영업시설을 설치하거나 다음에 해당하는 영업행위를 하여서는 아니 된다.

1) 휴게음식점영업자 · 일반음식점영업자 또는 단란주점영업자가 유흥접객원을 고용하여 유흥접객행위를 하게 하거나 종업원의 이러한 행위를 조장하거나 묵인하는 행위.

2) 휴게음식점영업자·일반음식점영업자가 음향 및 반주시설을 갖추고 손님이 노래를 부르도록 허용하는 행위. 다만, 연회석을 보유한 일반음식점 에서 회갑연, 칠순연 등 가정의 의례로서 행하는 경우에는 그러하지 아니하다.

3) 일반음식점영업자가 주류만을 판매하거나 주로 다류를 조리 · 판매하는 다방형태의 영업을 하는 행위

4) 휴게음식점영업자가 손님에게 음주를 허용하는 행위

5) 식품접객업소의 영업자 또는 종업원이 영업장을 벗어나 시간적 소요의 대가로 금품을 수수하거나, 영업자가 종업원의 이러한 행위를 조장하거나 묵인하는 행위.

6) 휴게음식점영업 중 주로 다류 등을 조리 · 판매하는 영업소에서 「청소년보호법」 제2조제1호에 따른 청소년인 종업원에게 영업소를 벗어나 다류 등을 배달하게 하여 판매하는 행위.

7) 휴게음식점영업자·일반음식점영업자가 음향시설을 갖추고 손님이 춤을 추는 것을 허용하는 행위. 다만, 특별자치도·시·군·구의 조례로 별도의 안전기준, 시간 등을 정하여 별도의 춤을 추는 공간이 아닌 객석에서 춤을 추는 것을 허용하는 경우는 제외한다.

파. 유흥주점영업자는 성명, 주민등록번호, 취업일, 이직일, 종사분야를 기록한 종업원(유흥접객원만 해당한다)명부를 비치하여 기록 · 관리하여야 한다.

하. 손님을 꾀어서 끌어들이는 행위를 하여서는 아니 된다.

거. 업소 안에서 선량한 미풍양속을 해치는 공연, 영화, 비디오 또는 음반을 상영하거나 사용하여서는 아니 된다.

너. 수돗물이 아닌 지하수 등을 먹는 물 또는 식품의 조리 · 세척 등에 사용하는 경우에는 「먹는물관리법」 제43조에 따른 먹는 물 수질검사기관에서 다음의 검사를 받아 마시기에 적합하다고 인정된 물을 사용하여야 한다. 다만, 둘 이상의 업소가 같은 건물에서 같은 수원을 사용하는 경우에는 하나의 업소에 대한 시험결과로 해당 업소에 대한 검사에 갈음할 수 있다.

1) 일부항목 검사: 1년(모든 항목 검사를 하는 연도는 제외한다)마다「먹는물 수질기준 및 검사 등에 관한 규칙」 제4조에 따른 마을상수도의 검사기준에 따른 검사(잔류염소검사는 제외한다)를

하여야 한다. 다만, 시·도지사가 오염의 염려가 있다고 판단하여 지정한 지역에서는 같은 규칙 제2조에 따른 먹는 물의 수질기준에 따른 검사를 하여야 한다.

2) 모든 항목 검사 : 2년마다 「먹는물 수질기준 및 검사 등에 관한 규칙」 제2조에 따른 먹는 물의 수질기준에 따른 검사

더. 동물의 내장을 조리한 경우에는 이에 사용한 기계 · 기구류 등을 세척하여 살균하여야 한다.

러. 식품접객업자는 손님이 먹고 남은 음식물을 다시 사용하거나 조리하거나 또는 보관(폐기용이라는 표시를 명확하게 하여 보관하는 경우는 제외한다)하여서는 아니 된다.

머. 식품접객업자는 공통찬통, 소형찬기 또는 복합찬기를 사용하거나, 손님이 남은 음식물을 싸서 가지고 갈 수 있도록 포장용기를 비치하고 이를 손님에게 알리는 등 음식문화개선을 위해 노력하여야 한다.

버. 휴게음식점영업자·일반음식점영업자 또는 단란주점영업자는 영업장 안에 설치된 무대시설 외의 장소에서 공연을 하거나 공연을 하는 행위를 조장·묵인하여서는 아니 된다. 다만, 일반음식점영업자가 손님의 요구에 따라 회갑연, 칠순연 등 가정의 의례로서 행하는 경우에는 그러하지 아니하다.

서. 「야생동·식물보호법」을 위반하여 포획한 야생동물을 사용한 식품을 조리·판매하여서는 아니 된다.

어. 법 제15조제2항에 따른 위해평가가 완료되기 전까지 일시적으로 금지된 식품등을 사용·조리하여서는 아니 된다.

저. 조리·가공한 음식을 진열하고, 진열된 음식을 손님이 선택하여 먹을 수 있도록 제공하는 형태(이하 "뷔페"라 한다)로 영업을

하는 일반음식점영업자는 제과점영업자에게 당일 제조 · 판매하는 빵류를 구입하여 구입 당일 이를 손님에게 제공할 수 있다. 이 경우 당일 구입하였다는 증명서(거래명세서나 영수증 등을 말한다)를 6개월간 보관하여야 한다.

처. 법 제47조제1항에 따른 모범업소가 아닌 업소의 영업자는 모범업소로 오인 · 혼동할 우려가 있는 표시를 하여서는 아니 된다.

커. 손님에게 조리하여 제공하는 식품의 주재료, 중량 등이 아목에 따른 가격표에 표시된 내용과 달라서는 아니 된다.

터. 아목에 따른 가격표에는 불고기, 갈비 등 식육의 가격을 100그램당 가격으로 표시하여야 하며, 조리하여 제공하는 경우에는 조리하기 이전의 중량을 표시할 수 있다. 100그램당 가격과 함께 1인분의 가격도 표시하려는 경우에는 다음의 예와 같이 1인분의 중량과 가격을 함께 표시하여야 한다. 예) 불고기 100그램 ○○원(1인분 120그램 △△원) 갈비 100그램 ○○원(1인분 150그램 △△원)

퍼. 음식판매자동차를 사용하는 휴게음식점영업자 및 제과점영업자는 신고한 장소가 아닌 장소에서 그 음식판매자동차로 휴게음식점영업 및 제과점영업을 하여서는 아니 된다.

출처 : 법제처 법령정보센터

7. 소상공인 권리지킴이 〈상가건물 임대차보호법〉

상가건물 임대차보호법 중 〈권리금 관련 조항〉

[시행 2015.5.13.] [법률 제13284호]

제10조의3(권리금의 정의 등) ① 권리금이란 임대차 목적물인 상가건물에서 영업을 하는 자 또는 영업을 하려는 자가 영업시설·비품, 거래처, 신용, 영업상의 노하우, 상가건물의 위치에 따른 영업상의 이점 등 유형·무형의 재산적 가치의 양도 또는 이용대가로서 임대인, 임차인에게 보증금과 차임 이외에 지급하는 금전 등의 대가를 말한다.

② 권리금 계약이란 신규임차인이 되려는 자가 임차인에게 권리금을 지급하기로 하는 계약을 말한다.

[본조신설 2015.5.13.]

제10조의4(권리금 회수기회 보호 등) ① 임대인은 임대차기간이 끝나기 3개월 전부터 임대차 종료 시까지 다음 각 호의 어느 하나에 해당하는 행위를 함으로써 권리금 계약에 따라 임차인이 주선한 신규임차인이 되려는 자로부터 권리금을 지급받는 것을 방해하여서는 아니 된다. 다만, 제10조제1항 각 호의 어느 하나에 해당하는 사유가 있는 경우에는 그러하지 아니하다.

1. 임차인이 주선한 신규임차인이 되려는 자에게 권리금을 요구하거나 임차인이 주선한 신규임차인이 되려는 자로부터 권리금을 수수하는 행위
2. 임차인이 주선한 신규임차인이 되려는 자로 하여금 임차인에게 권리금을 지급하지 못하게 하는 행위

3. 임차인이 주선한 신규임차인이 되려는 자에게 상가건물에 관한 조세, 공과금, 주변 상가건물의 차임 및 보증금, 그 밖의 부담에 따른 금액에 비추어 현저히 고액의 차임과 보증금을 요구하는 행위

4. 그 밖에 정당한 사유 없이 임대인이 임차인이 주선한 신규임차인이 되려는 자와 임대차계약의 체결을 거절하는 행위

② 다음 각 호의 어느 하나에 해당하는 경우에는 제1항제4호의 정당한 사유가 있는 것으로 본다.

1. 임차인이 주선한 신규임차인이 되려는 자가 보증금 또는 차임을 지급할 자력이 없는 경우

2. 임차인이 주선한 신규임차인이 되려는 자가 임차인으로서의 의무를 위반할 우려가 있거나 그 밖에 임대차를 유지하기 어려운 상당한 사유가 있는 경우

3. 임대차 목적물인 상가건물을 1년 6개월 이상 영리목적으로 사용하지 아니한 경우

4. 임대인이 선택한 신규임차인이 임차인과 권리금 계약을 체결하고 그 권리금을 지급한 경우

③ 임대인이 제1항을 위반하여 임차인에게 손해를 발생하게 한 때에는 그 손해를 배상할 책임이 있다. 이 경우 그 손해배상액은 신규임차인이 임차인에게 지급하기로 한 권리금과 임대차 종료 당시의 권리금 중 낮은 금액을 넘지 못한다.

④ 제3항에 따라 임대인에게 손해배상을 청구할 권리는 임대차가 종료한 날부터 3년 이내에 행사하지 아니하면 시효의 완성으로 소멸한다.

⑤ 임차인은 임대인에게 임차인이 주선한 신규임차인이 되려는

자의 보증금 및 차임을 지급할 자력 또는 그 밖에 임차인으로서의 의무를 이행할 의사 및 능력에 관하여 자신이 알고 있는 정보를 제공하여야 한다.
[본조신설 2015.5.13.]

제10조의5(권리금 적용 제외) 제10조의4는 다음 각 호의 어느 하나에 해당하는 상가건물 임대차의 경우에는 적용하지 아니한다.

1. 임대차 목적물인 상가건물이 「유통산업발전법」 제2조에 따른 대규모점포 또는 준 대규모 점포의 일부인 경우
2. 임대차 목적물인 상가건물이 「국유재산법」에 따른 국유재산 또는 「공유재산 및 물품 관리법」에 따른 공유재산인 경우 [본조신설 2015.5.13.]

제10조의6(표준권리금계약서의 작성 등) 국토교통부장관은 임차인과 신규임차인이 되려는 자가 권리금 계약을 체결하기 위한 표준권리금계약서를 정하여 그 사용을 권장할 수 있다. [본조신설 2015.5.13.]

제10조의7(권리금 평가기준의 고시) 국토교통부장관은 권리금에 대한 감정평가의 절차와 방법 등에 관한 기준을 고시할 수 있다.
[본조신설 2015.5.13.]

제10조의8(차임연체와 해지) 임차인의 차임연체액이 3기의 차임액에 달하는 때에는 임대인은 계약을 해지할 수 있다.

제11조(차임 등의 증감청구권) ① 차임 또는 보증금이 임차건물에 관한 조세, 공과금, 그 밖의 부담의 증감이나 경제 사정의 변동으로 인하여 상당하지 아니하게 된 경우에는 당사자는 장래의 차임 또는 보증금에 대하여 증감을 청구할 수 있다. 그러나 증액의 경우에는 대통령령으로 정하는 기준에 따른 비율을 초과하지 못

한다.
② 제1항에 따른 증액 청구는 임대차계약 또는 약정한 차임 등의 증액이 있은 후 1년 이내에는 하지 못한다. [전문개정 2009.1.30.]
제12조(월차임 전환 시 산정률의 제한) 보증금의 전부 또는 일부를 월 단위의 차임으로 전환하는 경우에는 그 전환되는 금액에 다음 각 호 중 낮은 비율을 곱한 월 차임의 범위를 초과할 수 없다. 〈개정 2010.5.17., 2013.8.13.〉
1. 「은행법」에 따른 은행의 대출금리 및 해당 지역의 경제 여건 등을 고려하여 대통령령으로 정하는 비율
2. 한국은행에서 공시한 기준금리에 대통령령으로 정하는 배수를 곱한 비율 [전문개정 2009.1.30.]
제13조(전대차관계에 대한 적용 등) ① 제10조, 제10조의2, 제10조의8, 제11조 및 제12조는 전대인(轉貸人)과 전차인(轉借人)의 전대차관계에 적용한다. 〈개정 2015.5.13.〉
② 임대인의 동의를 받고 전대차계약을 체결한 전차인은 임차인의 계약갱신요구권 행사기간 이내에 임차인을 대위(代位)하여 임대인에게 계약갱신요구권을 행사할 수 있다. [전문개정 2009.1.30.]
제14조(보증금 중 일정액의 보호) ① 임차인은 보증금 중 일정액을 다른 담보물권자보다 우선하여 변제받을 권리가 있다. 이 경우 임차인은 건물에 대한 경매신청의 등기 전에 제3조제1항의 요건을 갖추어야 한다.
② 제1항의 경우에 제5조제4항부터 제6항까지의 규정을 준용한다.
③ 제1항에 따라 우선변제를 받을 임차인 및 보증금 중 일정액의 범위와 기준은 임대건물가액(임대인 소유의 대지가액을 포함한

다)의 2분의 1 범위에서 해당 지역의 경제 여건, 보증금 및 차임 등을 고려하여 대통령령으로 정한다. 〈개정 2013.8.13.〉

제15조(강행규정) 이 법의 규정에 위반된 약정으로서 임차인에게 불리한 것은 효력이 없다. [전문개정 2009.1.30.]

제16조(일시사용을 위한 임대차) 이 법은 일시사용을 위한 임대차임이 명백한 경우에는 적용하지 아니한다. [전문개정 2009.1.30.]

제17조(미등기전세에의 준용) 목적건물을 등기하지 아니한 전세계약에 관하여 이 법을 준용한다. 이 경우 "전세금"은 "임대차의 보증금"으로 본다. [전문개정 2009.1.30.]

제18조(「소액사건심판법」의 준용) 임차인이 임대인에게 제기하는 보증금반환청구소송에 관하여는 「소액사건심판법」 제6조·제7조·제10조 및 제11조의2를 준용한다. [전문개정 2009.1.30.]

제19조(표준계약서의 작성 등) 법무부장관은 보증금, 차임액, 임대차기간, 수선비 분담 등의 내용이 기재된 상가건물임대차표준계약서를 정하여 그 사용을 권장할 수 있다. [본조신설 2015.5.13.]

출처 : 국가법령정보센터 (http://www.law.go.kr/lsInfoP.do?lsiSeq=170926#0000)

이형석 지음 | 18,500원
416쪽 | 152×224mm

빅테이터가 알려주는 성공 창업의 비밀
창업자 열에 아홉은 감으로 시작한다

국내 1호 창업컨설턴트이자 빅데이터 해석 전문가인 저자가 빅데이터를 통해 대한민국 창업의 현재를 낱낱이 꿰뚫어 보고, 이에 따라 창업자들이 미래를 대비할 수 있는 전략을 수립하게 한다. 창업자는 자신의 창업 아이템을 어떤 지역에 뿌리를 두고, 어떤 고객층을 타깃화해서 어떤 비즈니스 모델을 정할 것인지 등 일목요연하게 과학적으로 정리해 볼 수 있을 것이다.

김태희 지음 | 18,500원
412쪽 | 152×224mm

불확실성 시대에 자산을 지키는
부동산 투자학

부동산에 영향을 주는 핵심요인인 부동산 정책의 방향성, 실물경제의 움직임과 갈수록 영향력이 커지고 있는 금리의 동향에 대해 경제원론과의 접목을 시도했다. 따라서 독자들은 이 책을 읽으면서 부동산 투자에 대한 원론적인, 즉 어떤 경제여건과 부동산을 둘러싼 환경이 바뀌더라도 변치 않는 가치를 발견하게 될 것이다.

이재익 지음 | 15,000원
319쪽 | 170×224mm

바닥을 치고 오르는
부동산 투자의 비밀

이 책은 부동산 규제 완화와 함께 뉴타운사업, 균형발전촉진지구사업, 신도시 등 새롭게 재편되는 부동산시장의 모습을 하나하나 설명하고 있다. 명쾌한 논리와 예리한 진단을 통해 앞으로의 부동산시장을 전망하고 있으며 다양한 실례를 제시함으로써 이해를 높이고 있다. 이 책은 부동산 전반에 걸친 흐름에 대한 안목과 테마별 투자의 실전 노하우를 접할 수 있게 한다.

김태희, 동은주 지음
17,000원
368쪽 | 153×224mm

그래도 땅이다
불황을 꿰뚫는 답, 땅에서 찾아라

올바른 부동산투자법, 개발호재지역 투자 요령, 땅의 시세를 정확히 파악하는 법, 개발계획을 보고 읽는 방법, 국토계획 흐름을 잡고 관련 법규를 따라잡는 법, 꼭 알고 있어야 할 20가지 땅 투자 실무지식 등을 담은 책이다. 이 책의 안내를 따라 합리적인 투자를 한다면 어느새 당신도 부동산 고수로 거듭날 수 있을 것이다.

최종인 지음 | 14,500원
368쪽 | 153×224mm

춤추는 땅투자의 맥을 짚어라

이 책은 땅투자에 대한 모든 것을 담고 있다. 땅투자를 하기 전 기초를 다지는 것부터 실질적인 땅투자 노하우와 매수·매도할 타이밍에 대한 방법까지 고수가 아니라면 제안할 수 없는 정보들을 알차게 담아두었다. 준비된 확실한 정보가 있는데 땅투자에 적극적으로 덤비지 않을 수가 없다. 이 책에서 실질적 노하우를 얻었다면 이제 뛰어들기만 하면 될 것이다.

주식/금융투자

북오션의 주식/금융 투자부문의 도서에서 독자들은 주식투자 입문부터 실전 전문투자, 암호화폐 등 최신의 투자흐름까지 폭넓게 선택할 수 있습니다.

최기운 지음 | 18,000원
424쪽 | 172×245mm

10만원으로 시작하는 주식투자

4차산업혁명 시대를 선도하는 기업의 주식은 어떤 것들이 있을까? 이제 이 책을 통해 초보투자자들은 기본적이고 다양한 기술적 분석을 익히고 그것을 바탕으로 향후 성장 유망한 기업에 투자할 수 있는 밝은 눈을 가진 성공한 가치투자자가 될 수 있다. 조금 더 지름길로 가고 싶다면 저자가 친절하게 가이드 해 준 몇몇 기업을 눈여겨보아도 좋다.

박대호 지음 | 20,000원
200쪽 | 170×224mm

암호화폐 실전투자 바이블
개념부터 챠트분석까지

고수익을 올리기 위한 정보취합 및 분석, 차트분석과 거래전략을 체계적으로 설명해준다. 투자자 사이에서 족집게 과외·강연으로 유명한 저자의 독창적인 차트분석과 다양한 실전사례가 성공투자의 길을 안내한다. 단타투자자는 물론 중·장기투자자에게도 나침반과 같은 책이다. 실전투자 기법에 목말라 하던 독자들에게 유용할 것이다.

최기운 지음 | 15,000원
272쪽 | 172×245mm

케.바.케로 배우는 주식
실전투자노하우

이 책은 전편 『10만원 들고 시작하는 주식투자』의 실전편으로 주식투자 때 알아야 할 일목균형표, 주가차트와 같은 그래프 분석, 가치투자를 위해 기업을 방문할 때 다리품을 파는 게 정상이라고 조언하는 흔히 '실전'이란 이름을 붙인 주식투자서와는 다르다. 주식투자자들이 가장 알고 싶어 하는 사례 67가지를 제시하여 실전투자를 가능하게 해주는 최적의 분석서이다.

곽호열 지음 | 19,000원
244쪽 | 188×254mm

초보자를 실전 고수로 만드는
주가차트 완전정복

이 책은 주식 전문 블로그 〈달공이의 주식투자 노하우〉의 운영자 곽호열이 예리한 분석력과 세심한 코치로 입문하는 사람은 물론 중급자들이 놓치기 쉬운 기술적 분석을 다양하게 선보인다. 상승이 예상되는 관심 종목 분석과 차트를 통한 매수·매도 타이밍 포착, 수익과 손실에 따른 리스크 관리 및 대응방법 등 주식시장에서 이기는 노하우와 차트기술에 대해 안내한다.

아오키 토시오 지음 | 김태희 옮김
12,000원 | 200쪽
150×210mm

만화로 배우는
주식투자의 심리학

이 책에서는 투자자가 직면할 수 있는 38가지 상황을 만화로 표현했다. 아무것도 모르고 시작한 투자에서 돈을 벌고 나면 이후부터 투자에 자신이 생겨서 마치 중독처럼 투자를 하게 된다는 이야기다. 38가지 이야기와 이에 따른 이론들을 챙겨 읽으면 스스로를 통제할 수 있는 힘이 생겨서 지지 않는 투자를 하게 될 것이다.

정광옥 지음 | 17,000원
312쪽 | 171×225mm

600원으로 시작하는 주식투자 첫걸음
신문에서 배우는 왕초보 주식투자

신문 기사 분석을 통해 초보 투자자들이 흔히 범하기 쉬운 실수를 소개하고, 실패를 최소화하는 방법을 알려준다. 저자는 성급하게 뛰어들기보다는 장기적으로 가치 투자와 분산투자를 기본으로 생각하라고 일러준다. 또한 기업 분석법, 매매 기법 등을 설명하면서 각 사례에 해당되는 신문 기사를 보여준다. 다만 투자자의 눈으로 읽으라는 충고를 잊지 않는다.